ちくま新書

主権者を疑う
——統治の主役は誰なのか？

駒村圭吾
Komamura Keigo

1720

主権者を疑う——統治の主役は誰なのか?【目次】

第2章　主権者　Part2——忘れられた巨人　065

おことわり：ブ（b）とヴ（v）の表記にはいつも迷うところであるが、名前についてはこの区別を行う。他方、それ以外では基本、慣用に従って「ブ」の表記を用いる。徹底できていないところもあるかもしれないが、それは流れあるいはリズムでそうなっているものとご理解いただきたい。

はしがき

政治と法の関係について、私は法学者として日ごろ次のように考えてきた。政治と法は仲が良くない、分かり合えない、水と油である。でも、それでいいと思っている。そうでなくちゃとすら考えている。むしろ問題はその付き合い方にある。両者それぞれ固有の役割を演じながら、埋めがたい溝を意識しつつも、決定的断絶をきたすわけでもなく、かと言って、なあなあに堕するわけでもなく、お互いを「好敵手」として認め合う……。政治と法はそういうダイナミックな関係であってほしい。ナンシー・ケリガンとトーニャ・ハーディングではなく、半沢直樹と大和田暁のような関係を、とでも言えばいいか。

しかし、ここ数年、政治が法を呑み込まんとしている。悪趣味を通り越した暴言によってポピュリズムをあおったり、効率性や迅速性さらには英雄的行動の演出のために独裁的権限集中が行われたり、独りよがりの思いつきを社会実験してみたりと、政治の暴走が止まらない状況を私たちは日々目の当たりにしている。このような政治の振る舞いに対して細かいことをゴチャゴチャ言ってくる法は目障りな障害物以外の何物でもない。そして、そのような〝障害物〟を吹きとばすに際してしばしば口にされ、法をねじふせるための旗印に掲げられてきたのが、「主権者国民」である。

本書では、政治と法のあるべき関係を意識しつつ、主として、「主権者国民」の問題を扱う。私がなぜこの点に焦点を当てたいと思ったのか。それは次のような背景による。

＊＊＊

日本国憲法が制定されて75年ほどが経った。改正されたことがない憲法としてはおそらく世界最古のものであろう。ところが、この憲法を変えようという議論もまた、日本国憲法が誕生した直後から繰り広げられてきたのであり、戦後政治に一貫して存在する潮流になっている。そのうねりには強弱があるが、時に間欠泉のように激しく噴出し、そのたびごとに日本国憲法は論議の表舞台に立たされ、もみくちゃにされ、かつ、生き延びてきたのである。もっとも、ただ生き延びればいいというわけではない。「生ける屍（しかばね）」、「残骸」、「まぼろし」にならないように、憲法を普段からきちんとメンテナンスして使いこなす努力をする必要がある。

改憲のうねりにさらされながらも、統治に対する規範的力をしっかりと発揮できるよう、憲法は常に自らを鍛え直さなければならない。憲法は、改憲という波にたゆたう木の葉、あるいは政治権力という風になびく柳の枝のようなものとして生き延びればいいわけではなく、やはり、波風ときっちり対峙してそれを押し返し、かつ生き延びなければ意味がないのである。日本国憲法の正統性の一端は、そのような戦後政治の波と風を生き延びてきたというダイナミズムにこそ求められるべきであろう。

2012年の自民党憲法改正草案の公表、第2次安倍晋三内閣の誕生によって、ここ10年ほど、憲法改正が再び脚光を浴びるようになった。具体的な政治日程が設定されたりもした（故安倍晋三首相〔当時〕は2020年を新しい憲法が施行される年にしたいと語っていた）。しかし、正直なところ、どうみても盛り上がりに欠けていると言わざるをえない。〝新しい時代を拓く〟、〝この国のかたちを考える〟、と言われるわりには、いい意味でのワクワク感もドキドキ感もない。

改憲という重大プロジェクトの前提となるような〝今そこにある危機〟や〝忍び寄る危機〟がどうも見当たらない。少なくともそれらが国民に共有されるようなかたちで議論が展開されていない。見える人には見えて、見えない人や見たくない人には見えない。そういう状況を放置したまま、改憲を議論しても、そもそも「何のための改憲なのか」が見えないので、盛り上がりようがないのではないか。

あるいは具体的な危機への対処というよりも、戦後政治の閉塞状況を打破するための最後の手段として改憲に訴えるということなのかもしれない。閉塞状況の打破は重要である。そのために改憲はどういう効き目があるのか、具体的にどの制度やしがらみが破壊されるのか、本当に改憲でなければ打破できないのか、他の手段を政治は尽くしたのか、打破の前に問うべきことは多い。そういったことを置き去りにして、ただ何となく〝空気を入れ替えてみました〟では、何も変わらないだろう。

実際、安倍晋三氏は、9条に「自衛隊」の3文字を書き込むという改憲提案をしたが、その際、同氏は、自衛隊の3文字を憲法典に明記しても「何も変わらない」と繰り返し発言してきた。自衛隊の任務・権限も変わらないし、たとえこの改憲案が国民投票で否決されたとしても、「何も変わらない」と言い切ったのである。しかし、憲法改正までして何も変わらないということはありえない。もしそういう国があるとしたら、その国の憲法は既に死んでいるのである。

＊　＊　＊

以上のような私の認識は、憲法改正に極めて否定的な態度に出るものと受け止められるかもしれない。この点、あらかじめ表明しておくと、私は憲法改正そのものについて否定的なわけではない。真に必要な場合には堂々と挑戦すべきであると考える。そもそも憲法自体がその96条で改憲の可能性を認めているのだ。私が否定的なのは、意味不明な政治状況で改憲が提案され、議論されることに対してである。

改憲をめぐる議論をどのように進めるかは、言うまでもなく、改憲の質を決定する重大な問題である。政党を含む政治アクターたちには、文言の修正や改憲手続のあり方だけではなく、むしろどういう議論プラットフォームで改憲を構想するかをめぐって、ぜひ競い合ってほしいものである。

安倍晋三氏も首相として、活発な改憲論議を期待し、たびたびそれを挑発してきた。例えば、次のような呼びかけを在任中繰り返してきた。「まずは具体的な改正案が示され、国民的な議論が深められることが肝要であります」、「憲法改正について、最終的に決めるのは、主権者たる国民の皆様であります」と（以上、2019年1月4日年頭記者会見、2018年12月10日総理記者会見）。そして、極めつけは、2018年5月3日第20回公開憲法フォーラムに寄せたビデオメッセージで発せられた、次のセリフである。

「主役は国民のみなさまです。」

手垢にまみれた常套句（じょうとうく）である「国民的な議論」とは何か。「主役」にまつりあげられながらも、「最終的に決めるのは……」うんぬんと、出番がやたら〝最終的〟と強調されるのはなぜか。「国民的な議論」という実体のあいまいな議論過程を経て、「主権者たる国民」は、提示された改憲案を認めるか否かの二者択一に追い込まれ、でも「最終的に」決めたのは国民だからとその責任を転嫁されるにすぎないのではなかろうか。

しかも、9条への自衛隊明記について、「主役」である「国民」が「最終的に」拒否したとしても、従前とは「何も変わらない」と提案者は言っていた。「最終的に」「主役」は何も変えることができないらしい。

本書は、この「主権者たる国民」について考える。主権者とは、右のように、もちあげられ、ふくらまされ、おだてられつつも、中身はどこまでも空虚な政治的表象にすぎないのかもしれない。あるいは、逆に、思い切り中身を充塡されて、何もかもぶちこわす大量破壊兵器のごとく、政治状況をひっくり返す役割が期待されているのかもしれない。

結論の一部をあらかじめ述べておくと、憲法は主権者を畏（おそ）れている。主権者を畏れ敬いつつも、それを不断に疑うことを私たちに求めている。

序 章

見取り図

――日本国憲法に登場する「国民」たち

『劇場の仮面たち』アンソール画より

ここで日本国憲法の登場人物を紹介しておきたい。主役級に控えているのはもちろん「国民」であるが、実は、ひとりで三役を熱演している。順番に見て行こう。

まず、日本国憲法の「前文」である。そこには次のようにある。

「日本国民は、正当に選挙された国会における代表者を通じて行動し、われらとわれらの子孫のために、諸国民との協和による成果と、わが国全土にわたつて自由のもたらす恵沢を確保し、政府の行為によつて再び戦争の惨禍が起ることのないやうにすることを決意し、ここに主権が国民に存することを宣言し、この憲法を確定する。」

ここには、「行動し」、「確保し」、「決意し」、「宣言し」、そして「この憲法を確定する」国民が描かれている。実にさまざまなことをやってのける国民像が描かれているが、ポイントは三つ。国民は「主権」を持っていること、そして主権を持つ国民は自分で主権を持つと一方的に宣言していること、さらに、主権を持つ国民がなしとげた最初の仕事はこの憲法を制定したことであったということ。

要するに、国民はまずもって**「主権者」**であり、主権者たる者、神から最高権力をあずかった云々の釈明は不要で、自分自身で主権を有することを勝手に宣言でき、それをこの世にしっかりと基礎づけるために、憲法を制定する始源的力（「憲法制定権力」と呼ばれる）を持っている（詳細は第2章2節）。言い方を換えると、ある日突然、〝政治のカオス〟の中に、革命的原因により主権者が立ち現れ、原理と憲法によって支えられた〝法の秩序〟を開闢（かいびゃく）したのである。なので、こうして始まった法的世界は、ビッグバンよろしく、永劫に膨張し続けるか、あるいは自分自身の力学で自壊するしかない。

次に、憲法15条1項に目を転じてみる。そこには次のようにある。

「公務員を選定し、及びこれを罷免することは、国民固有の権利である。」

公務員を選び罷免することは、「国民固有」の、つまり国民だけに認められる権利だとこの条文は言っている。他方でまた、ここには「公務員」つまり権力行使にたずさわる人たちが登場しているが、さきほど引いた憲法前文の別な箇所では、国政のあり方につき、「その権威は国民に由来し、その権力は国民の代表者がこれを行使」すると定めている。つまり、権力担当者としての公務員には国民自身がなるわけである。

要するに、国民は、権力者を選び罷免するだけでなく、権力者そのものになることもできるのであって、両者を総合し、このような国民を**「有権者」**と呼んでおきたい。

さて、憲法第3章のタイトルに「第3章　国民の権利及び義務」とあるように国民は権利の保持者であり、かつまた義務の負担者でもある。国民は、このタイトルの下で保障された権利を駆使して、自分の人生を謳歌しようとするが、集会や結社や言論表現は、時に社会的連帯を強めたり、政治をただすために行使されることがある。また、財産権や営業の自由は社会共通のシステムである市場の維持保全や他者との共存の観点から、制約を受けたり、保護を与えられたりする。そういう文脈において、国民は、私的領域と政治的領域を媒介する市民社会のメンバーとして行動し、また社会システムを支える共通の負担を覚悟することになる。憲法12条は次のように言う。

「この憲法が国民に保障する自由及び権利は、国民の不断の努力によつて、これを保持しなければならない。又、国民は、これを濫用してはならないのであつて、常に公共の福祉のためにこれを利用する責任を負ふ。」

本来、勝手気ままがゆるされるはずの自由や権利の行使につき、憲法は「不断の努力」を求め、公共のために「これを利用する責任」を国民に課している。このように社会を支え、政治と私的世界のバランスに腐心し、公共的負担を引き受ける国民を**「市民」**と呼んでおこう。

以上のように、「国民」には、①主権者（「主権」を有する国民）、②有権者（「固有の権利」を有する国民）、③市民（「不断の努力」をする国民）の三つの役柄があてがわれている。国民は、局面に応じてこの三役を演じ分けなければならない。

さて、ここで、三点だけ重要な注釈をつけておきたい。

第一に、ただちに問題になるのは、「国民」は日本国籍保有者だけに限るのか、である。憲法は10条で「日本国民たる要件は、法律でこれを定める」としている。①の主権者は、日本国籍保有者に限定するのが支配的な見方であるが、②③も同様に国籍保有者に限定する必要は必ずしもない。法律によってグラデーションをつけることが可能である。

第二に、三つの役柄（仮面）は、いずれも国民という素面（すめん）がかぶっているわけであるが、①から③を貫くのは「国民」という素面だけではない。憲法13条は次のように定めている。

「すべて国民は、個人として尊重される。」

つまり、「主権者」も「有権者」も「市民」も、すべて**「個人」**として尊重されるというのが憲法の構成である。三つの仮面を演じ分ける「国民」という演じ手も、時に一己の

「個人」に立ち戻り、舞台から離れることができるというわけである。もっとも、「個人」としてどの程度尊重されるかは、三つのステータスによって異なる。しかし、いずれにしても、国家統治という入口も出口も休演もない〝劇場〟において、〝舞台〟だけでなく、舞台から降りて〝客席〟に座り、統治劇を眺めることも、居眠りをして自分だけの夢想にふけることも憲法は可能にしたのである。

そして第三に、「主権者」の仮面をつけて演じるのは、劇の〝開演〟のときと〝終演〟のときに基本的に限られ、上演中は、適宜、「個人」として素面に戻って一息つきながらも、劇場が開いている限り、がんばって「有権者」と「市民」の仮面で舞い続けることを日本国憲法は想定している。したがって、意外な言いかたかもしれないが、「主権者」の出番は基本的には「ない」と見るのが憲法の筋書きではないか。

以下、本書では、それぞれの役柄を順に見ていくことにしたい。第1章と第2章では主権者、第3章では有権者、第4章では市民について主に考えるが、各章にそれぞれの役柄が入り乱れて登場する（巻末の索引も参照のこと）。

第１章

主権者Part1

——ロゴスと意思

教皇に破門された神聖ローマ皇帝ハインリヒ4世は北イタリアのカノッサで赦しを乞うた。

いわゆる「カノッサの屈辱」(1077年)ヴァチカン図書館蔵

1 「最終的に決めるのは、主権者たる国民の皆様であります」

†改憲論議を振り返る――主権論の〝重さ〟と〝軽さ〟

故安倍晋三氏が内閣総理大臣に再び就任した2012年以来、同氏が病を理由に総理を辞任するまでの約8年間は、憲法改正論議が躍動した年月であった。「2020年のオリンピックの時までには……」のかけ声の下、改憲が具体的な政治日程に上る勢いで盛り上がりを見せ始めたのである。少なくとも、改憲論を〝憲法の危機〟と見る勢力にとってはそのように見えた。《この調子ではマズイことになる》と。しかし、改憲の主導者であった安倍氏本人も、別な意味で、《この調子ではマズイことになる》と感じていた。彼にとっては、盛り上がりそうに見えて、実際はなかなか盛り上がらない議論の停滞にいら立つ年月であったと思われ、むしろそのような停滞こそが〝憲法の危機〟と映ったに違いない。

安倍氏は、首相在任中、さかんに次のような発言を重ねてきた。

「憲法改正は普通の法律と違い、最終的に国民が決定権を持ちます。現行憲法が施行されて70年以上たちますが、一度も国民投票は行われていない。私たち国会議員が発議を怠り、国民に権利を行使させないことは『国民に対する責任放棄だ』とのそしりを免れない。」（2018年9月1日産経新聞のインタビューに答えて）

「『安倍晋三が嫌だ』と言って国民から国民投票の権利を奪うのはサボタージュではないですか。」（同）

「最終的に決めるのは、主権者たる国民の皆様であります。」（2019年1月4日年頭記者会見、2018年12月10日総理記者会見）

要するに、国民投票を通じて改憲提案の採否を決するのは「主権者たる国民」の「権利」であって、国会が憲法改正の発議をしないのは「責任放棄」であり、かつ「権利を奪う」ことに等しいと言うのである。現行憲法96条によれば、憲法改正を行うには、①改憲案を衆参両院における3分の2以上の特別多数決で発議し、②これを国民投票にかけ過半数の賛成を得る必要がある。世界的に見て珍しいくらいハードルが高いかと言えば必ずしもそうとは言えないが、しかし、それでもそれなりに険しい道のりである。その路程に踏み出そうにも、野党がついてこない。憲法改正に警戒するかまえを崩さず、議論にのってこないのだ。このような野党に対して、安倍氏は「たった3分の1の勢力の反対で主権者国民の権利行使が阻害されるのはおかしい」と述べ、苛立ちを隠さなかった。そして、右に見たように、「最終的に決める」のは「主権者たる国民」であるというセリフが再三にわたり繰り返されるようになる。

繰り返されるうちに、主権という切り札の重厚さに隠れたある種の〝軽さ〟が見え隠れし始めた。安倍氏の焦燥感は、少し意地悪に言うと、《特別な多数を形成するための民主的討議を尽くさなくても、最後は主権者が決めてくれるんだから、それでいいじゃないか、そこに賭けてみようじゃないの》というふうに聞こえてくるのである。

†国民投票の「権利」の剥奪?

改憲論の停滞に対して安倍氏が最初に打った手は、96条そのものを改正することであった。これは右にあげた①の衆参両院における3分の2の特別多数決を過半数決に改めるという提案である（2014年2月4日衆議院予算委員会の発言等。前年には、平和主義、基本的人権、国民主権については3分の2に据え置くというアイディアも表明していた）。両院の発議要件を緩和することにより、主権者の「権利」を行使してもらう道が開ける、こう考えたのであろう。しかし、3分の2だと権利侵害で、過半数だとそうではなくなるのだろうか。国民投票をもっぱら主権者の「権利」とおくこと自体が何だか間違いのような気もするが、まあそれはともかく、この改正提案は各方面からの批判に会い、頓挫してしまった。

次に、安倍氏が打って出たのは、9条の解釈変更である。憲法9条に関する従来の政府解釈によれば、自衛隊が行使できるのは「個別的自衛権」に限られ、「集団的自衛権」の行使は許されていなかった。許されていないどころか、内閣（内閣法制局）は、この解釈を変更するには憲法改正が必要であると、どでかいクサビをかねてから打ち込んできたのである（1983年2月22日衆議院予算委員会における角田禮次郎長官答弁）。しかし、安倍首相は9条を改正するのは難しいとみて、政府解釈自体を一本の閣議決定であっさりと変更してしまったのである（2014年7月1日閣議決定「国の存立を全うし、国民を守るための切れ目のない安全保障法制の整備について」）。

内閣が憲法改正なくしては解釈変更はできないと以前から国民に約束してきたにもかかわらず、閣議決定であっさりと変更してしまうことは、国民への約束を破る所業であるだけでなく、それこそ主権者の権利を奪うことになるのではないか。国民から「国民投票の権利」を奪ったのは、他ならぬ安倍氏自身であったのである。

2 主権についての伝統的理解

†主権の三つの相

このように安倍氏は、自らの憲法改正プロジェクトにおいて、主権者の出番を急がせるような発言を繰り返した。うがった見方をすると、改憲提案に至る国民的熟議が多少おろそかになったとしても、主権者の決断が下れば、それは〝最後の審判〟であり、細かいことはもちろん、論争的なことがらでさえも、もう誰も文句は言えなくなって、新たな憲法的世界を長期にわたって固定化することができる、との期待がそこには込められていたように思われる。

こうした安倍氏の主権者の利用は危ういところがあるのだが、しかし、彼の〝主権〟に関する理解は間違ったものではない。否、むしろ、憲法学界の支配的見解と一致したものであった。安倍氏は、先に引いたように、「最終的に決めるのは、主権者たる国民の皆様であります」と述べていた。主権を最終的決定権と見るのは、学界における典型的な定義と同じである。現在、最もスタンダードな憲法教科書によれば、主権とは「国政についての最高の決定権」とされ、それは「国の政治のあり方を最終的に決定する力または権威」を意味するとされる（芦部2019：40頁）。

このように、国の統治のあり方を最終的・究極的に決定する権限（ないしその権限を根拠づける正統性のみなもと）を主権と見るのが典型的な学説である（「最終的決定権」としての主権）。ところが、主権の定義をめぐっては、それ以外のバージョンも語られてきた。

ひとつは、国家の基本的な作用である立法権・行政権・司法権などを総称して「統治権」という言葉が使われることがあるが、この意味で主権が用いられる場合がある（「統治権」としての主権）。もうひとつは、国家が国外および国内の勢力から独立して存立し、最終的決定権を保持すること（対外的には、他の国家やローマ教皇からの独立を意味し、対内的には、国内の政治勢力なかんずく封建領主からの独立を意味する）を指し示すために主権の概念が用いられることがある（「最高独立性」としての主権）。

こうした三つの主権概念が相互にどういう関係にあるのかピンとこないかもしれないが、思想史や憲法学史の中で主権という言葉は、とにもかくにも、そういうふうに語られてきたのである。重要なのは、むかしは、これら「最終的決定権」「統治権」「最高独立性」の三つが、君主という一個の人格にまとめて与えられていたという点である。そして、さらに重要なのは、そうした主権の独占は必然的に専制化をもたらしたので、近代国家の発展過程において、《君主主権から国民主権への移行》が果たされ、また、その前後で、国家のあり方を法的にきちんと捉え直そうとする機運が高まり、三つの主権概念も整理されるに至った点である。

†最高権力の源泉としての「最高の意思力」

この近代的整理にあたっては、19世紀後半からドイツで主唱され、我が国でも明治憲法期にさかんに紹介された、いわゆる「国家法人説（juristische Staatsperson. Staat als juristische Person）」が果たした役割が大きい。近代国家を、政治的実在として単純に真に受けるだけでなく、法的にそれを認知するには、国家に「法人格」を付与しなければならない。国家を法人として捉えないと、法的作用である権限や権利を国家に結びつけることはできないし、国家を近代的な公共体として――ひとまとまりの法体系として――組み立てることができないのである。〝なんだか大袈裟だなあ〟と思われるかもしれないが、国家を法的に捉えるということはこういうアプローチなのだ。

国家法人説は国家を〝人〟として構成する思想である。国家を〝人〟と捉える以上、そこには人の〝意思〟がなければならないが、国家法人説の主唱者で明治憲法期を代表する憲法学者、美濃部達吉はこれを「国家の意思（国権）」と呼んだ（美濃部2000：36、41

頁)。ここで注意すべきことは、国家意思としての国権も、最高独立性も、統治権も、それは「国家」に帰属するという点である(こういう構成を「国家主権」という)。

さて、問題は、かかる国家意思を「誰が表明するのか?」である。一般に法人にはその意思を外部・内部に明らかにするために「機関」が置かれる(例えば、社団法人であれば、社員総会、理事・代表理事・理事会、監事、等)。国家の場合、国家意思を表明する最高の機関意思を担うのが君主(天皇)である場合を「君主主権」、国民である場合を「国民主権」と呼ぶ。この最高の機関意思こそが主権(「最終的決定権」としての主権)であり、それを担う主体が主権者となる。明治憲法から日本国憲法への移行は、国家の最高機関が君主から国民へと移行する過程そのものであった(主権者の異動が果たして革命的な意味を持つものであったかどうかは、戦後すぐに大議論となったが、この点については第2章6節で後述する)。

主権論についての学説紹介にはこれ以上立ち入らないが、本章において読者に留意していただきたいことを明らかにするために、美濃部の次の言説を引いておきたい(美濃部2018:32頁)。

「……すなわち最高の権力を有すというのは最高の意思力を有すということにほかなら

ぬのであります。最高の意思力というのは自己の意思に反して他の者に依って自己の活動を制限せられないことを言い表わす語で、語を換えて言えば国家の意思力は国家が自ら制限するほかには他の者の意思に依って制限せられ拘束せらるることの無いことを謂うのであります。」

ここには、意思が権力をはじめとする「力」の源泉であることが示されている（意思力という耳慣れない言葉が使われている）。そして、主権者の意思は、自己拘束を除いては、他者の意思に制限・拘束されることはない、とされている。これは主権というものの特質を（そのすべてではないにせよ）よく表す記述である。

さて、ここまでお読みになってお気づきになったことと思われるので、改めて指摘するまでもないかもしれないが、美濃部の主権論ではやたらと「意思」という言葉がしつこいくらい登場してくる。これは美濃部のクセではなく、「意思」が主権論それ自体の核心をなす言葉であるからである。次にそれを見て行こう。

3　ロゴスから意思へ

†神の至高性と三位一体論――「ロゴスとしての神」とその万能性・永遠不変性

主権は英語でsovereigntyであるが、その形容詞sovereignは仏語のsouverain（古仏語ではsoverain）に由来し、さらに俗ラテン語のsuperanus（「より上の」「他に優る」の意）にさかのぼるとされている。なお、sovereignに近似する語として、西洋思想史に頻繁に登場するsupreme（名詞はsupremacy）があるが、これも俗ラテン語のsuperusの最上級supremus（「最も上の」の意）に由来する。このように、主権という訳語を当てられているsovereigntyは、その原義においては「より上位のもの、最上位のもの」を意味していたのであり、その点からも、「主権」という、法的なニュアンスの強い訳語よりも、「至高性」と訳す方が事の本質をつかみやすい（以下ではしばらく互換的にこれらを用いることにする）。

そういうわけで、主権論（とその下で展開された諸議論）の淵源は、至高なるもの、すなわち「至高なる神（sovereign God）」にさかのぼる。

至高なる神は万能でありかつ永遠不変の絶対的存在である。なにしろ、この世界を無から創造したのであるから、そのようなものとして在るのである。では、かかる至高の神を人はどのようにして知ることができるのだろうか。あるいは、人はいかにして神に近づくこと（神はいかにして人に近づくこと）ができるのだろうか。キリスト教の信仰において神がどのようなものであるかを知る手がかりになるのは、第一ニカイア公会議（325年）と第二コンスタンティノポリス公会議（381年）を経て成立した「三位一体（Trinity）」の考え方である。三位一体とは、神が「父と子と聖霊」の三つのペルソナ（persona：位格）をとりつつも、一つの実体となっていることを言う。この三つのペルソナにはそれぞれ役割分担のようなものがある。その分担を決める際に重要なのが、ヨハネの福音書第1章第1節の次の句である。

「初めに言葉があった。言葉は神とともにあった。言葉は神であった。」

この「言葉」とは「ロゴス（logos）」を指すとされ、言葉のほか理性などの意味が当てられる。この聖句に従えば、神はロゴスとしてあることになる。「父なる神」のロゴスを受肉化したのが「子なる神」であるイエスであり、身体をもつイエスがこの世にあらわれ、神のロゴスを語り、贖罪のために犠牲となる……このような役割分担を三位一体論は想定している（なお、「聖霊」は、実はこれがよく分からないのだが、どうやら父と子、そしてこの世の人々を媒介し、いわば〝通信機能〟のような役割を果たすものらしい）。キリスト教の信仰を持たない者にとっては実にわかりにくいものである（というよりも、直観的にはわかるけれども、「なんとなく」のレベル）。おそらく、確実な理解が求められる信者にとってはこれを理解できるかどうかは深刻な問題であっただろう。

この点、三位一体論を神学的に整理したアウグスティヌス（354―430）は、神の三位一体が人間の精神構造の中に投影されていると見た。「神の似像（imago Dei）」として創造された人間の精神には、神の三一構造の投影として、「記憶―知解―意思」の三一構造が内蔵されていると言うのである（リーゼンフーバー2000：215―216頁。なお、同書は「意思」ではなく「意志」を用いている。法学では「意思」を用いるのが通例であるので、本書では、法学の伝統にならい、積極的な志向性を特に強調する場合にのみ「意志」を用いる）。《あなたの内にもこの三つのはたらきがありますよね。それでも、あなたはあなたで一体になっていますよね。神様もそれと同じなのです》というわけである。こうして、アウグスティヌスは人が自らの内に神を発見できる道を開いた。つまり、人が神を知る、あるいは神に近づくことが可能になったのである。

そして、神がロゴスであるなら、言葉・理性を駆使すれば、人間でも神を知ることができるはずだという思潮が生まれることになる。こうして、理知主義的な神へのアプローチが登場することになった。それだけではない。政治思想史研究者であるジーン・ベスキー・エルシュテインによれば、「ロゴスとしての神」は、それが人間によって知りうる存在であることを意味するだけでなく、神それ自身が理性の極致（the apogee of reason）であることを意味する（Elshtain 2008: p. 17）。神が理性によって読み解け、理解可能であるなら、神そのものもロゴス＝理性の権化でなければならないはずである。

そうなると、至高なる神の万能性・絶対性も理性によって枠づけられる可能性が出てくる。つまり、神がロゴスである自分自身に背反することは〝自己矛盾〟とされ、理性による神への拘束がありうることが説かれた（これは、神を人間の自然的本性と見る古代ギリシャ以来の発想を神学的に受け継ぐものである）。

さらに、そもそも三位一体の定式それ自体が神の至高性に動揺をもたらす可能性を秘めている。なぜなら三つの位格の総合として神が存在するということは、その至高性の〝内部分裂〟の芽を潜在させていることになるからである。実際、〝あの世の神〟と〝この世の神の子〟（神の名で語り行動する人格）の主導権争いが中世全体を通じて展開されることになる。徐々に、神の至高性にヒビが入ってくることになる。

神の至高性について重要な点をもうひとつ指摘しておきたい。先に、至高なる神は「永遠不変の絶対的存在」と当然のように書いた。神の永遠性と不変性は、アウグスティヌスにおいては世俗世界との対比において描かれている。つまり、永遠の愛に向かうのが「神の国」であり、現世的利益に向かうのが「地の国」である（リーゼンフーバー２０００：２２１頁）。神の国は霊的かつ永遠であるのに対し、地の国は、世俗的かつ暫定的・時限的な世界であって、その歴史は終焉に向かうよう宿命づけられている。したがって、政治も時限的なものであって究極を語ることはできない（Elshtain 2008: p. 12)。

この点、注目しておくべきことは、神の永遠不変性は、神をロゴスとして捉えることとも結びついているという点である。理性・ロゴスこそは「永遠不変の善（the eternal and immutable good)」と理解されているからである（Elshtain 2008: p. 17)。

が、この永遠不変性も、万能性と同じく、中世から近世にかけて動揺する。権力者は自己の権力の座を維持し、永続的に継承させたいと願う。神の国の永遠不変性を地上の権力も応用したいと願うだろう。中世の崩壊過程において、地上の君主たちは、神の万能性や永遠不変性の模倣を開始し出すのである（なお、「地の国」も「神の国」と同じく永遠性を持つと言われることもある。例えば、「神の国」では「神とともに永遠に支配するよう定められて」いるが、他方、「地の国」では「悪魔とともに永遠の罰に定められている」とされることがある（柴田１９８５：96頁)。永遠の罰は永遠の愛の裏返しと考えれば「地の国」もまた「神の国」の投影なのであろう)。

このように「ロゴスとしての神」の至高性は、のちの主権論の祖型として興味深い論点を豊富に含んでいる。しかし、「ロゴスとしての神」という見方は主権論の展開において安定的に推移したわけではなかった。さきほどのエルシュテインによれば、神の至高性が国家や君主の至高性に推移していく過程で、「ロゴスとしての神（God as Logos）」から「意思としての神（God as will）」への移行があったと言うのである（Elshtain 2008: p. 1, chapt. 1, chapt. 2, chapt. 3）。

†神、理性、意思――トマス・アクィナス

いわゆる12世紀ルネサンスは、大量の古代ギリシャ哲学の伝統と成果を、イスラム世界を経由して、キリスト教世界にもたらした。重訳ではあったがプラトンやアリストテレスの作品がラテン語訳で普及し、並行して、ボローニャ、オクスフォード、ケンブリッジ、パリなどで「大学」が誕生した。このような流れの中で隆盛したのが中世スコラ学である。スコラ学の使命のひとつは、信仰の学である神学と理性の学である哲学の関係性を問うことであり、13世紀に『神学大全』（1265年から1273年にかけて執筆）を著したトマス・アクィナス（1225?―74）によって完成されたとされる。

トマスは、イデアという普遍概念は個物を超越して存在するというプラトン的な考え方、そしてその流れをくむアウグスティヌス的神学と、他方、普遍概念の超越性を否定し、む

しろかかる普遍概念は形相として個物に内在していると見るアリストテレスの形而上学とを折衷的に総合し、旧来の神学を換骨脱胎した。彼は、信仰と理性、神学と哲学、神と人間をアクロバティックに調停したと言われている（それだけに、どこまでも「足して二で割った」ような妥協調整のヤブが続き、本音がどこにあるのかよくわからないところがある）。トマスは、神に到達するには「啓示」の到来を待つだけでなく、理性の駆使によって神に接近する努力をすべきだと説き、その点が、不信心と論難もされたが、結局、人間もがんばれば神にアクセスできる道を開いたと言えよう。

このように主知主義（intellectualism）に立って神を捉えるトマスは、《神に意思はあるのか》との問いに対して「しかり」と答えている。神はその本性において善であり、しかも、神の意思は合理的で、必然的に善を意思し、悪が帰結されるとしてもそれは善を達成する限りでの付随的なものに過ぎないと説く（『神学大全』第1部第19問第1項・第9項・第10項）。トマスにおいては、「神の理性が神の意思に優位する」（Elshtain 2008: p. 21）のであって、その意思は規範的に枠づけることが可能なように構成されていた。神の意思と言えども、善を志向し、理性によって統制されるという思考がそこにはある。

†普遍か個物か、理性か意思か——スコトゥスとオッカム

12世紀から14世紀にかけて、スコラ学の発展と合わせて戦わされた、中世神学を代表する論争があった。いわゆる普遍論争（problem of universals）である。これは《普遍的概念は果たして実在するか》を問う論争であり、プラトンのようにイデアが超越的に〝実在〟すると説くものや、アリストテレスのように普遍的概念は各々の個物の中に形相として〝実在〟すると説くなどいくつかのバージョンがあるが、いずれにせよ、普遍的概念の実在を肯定する立場を実在論（realism）と言う。普遍の実在をめぐる議論はこのように以前よりあったが、中世神学の進展に際し、霊的なものの実在性が問われるようになり、改めて論争が開始されたのである。既に見たように、アリストテレス哲学に依拠するトマスは実在論に与していた。

しかし、かかる支配的見解に対して異論が唱えられるようになる。ヨハネス・ドゥンス・スコトゥス（1266?—1308）は、原罪によって人間の知性は曇ってしまい、神理解にとって理性は無効であると見て、トマス的な主知主義的アプローチを退け、理性よりも意思のはたらきを重視する主意主義（voluntarism）に立つ。トマスは、「神は自らの善性をただ意思するのみ」と述べ、悪人を殺すのも正義を意思するからであり、民族を

滅亡させるのも自然秩序の維持を意思するからであるとした(『神学大全』第1部第19問第9項)。神の意思も善を志向し理性に枠づけられていると見るのである。しかし、スコトゥスにとってそれは、神が善を意思するのではなく、「神が意志することは何であれ善である」ということになり、善を共に追求するパートナーとして神を位置付ける構図は否定される。神の意思はどんな不条理であってもそれを善として受容すべきことを人間に強いるのである。その限りで人間にとって神は「他者」となる(小田垣1995:119頁)。

スコトゥスは、言ってみれば、神の自由と人間の自由を理性的必然性から解放し、理性的直観ではなく愛による神への接近を可能にしたのである。換言すれば、最高善たる神を人間は必然的に愛するのか、偶然的に(つまり自由に)愛するのかの対立において、トマスが前者、スコトゥスが後者に立つことを意味する(上智大学中世思想研究所編1998:319—320頁[八木雄二執筆])。

従来の神学においても意思が主題化されていたが、スコトゥスの登場によって、意思を理性や善による枠づけから解放し、意思そのものを中心に据える主意主義がスコラ学にもたらされたのである。が、スコトゥスは、普遍は個物の中に実在するとする点でなお実在論に立っていた。

これに対して、ウィリアム・オッカム(1285?—1347)は、余分な形而上学的思弁のゼイ肉をスコラ学から削ぎ落とすべく(「オッカムの剃刀」)、普遍は実在するものではなく、単に概念ないし言葉としてあればそれで十分だとした。実在論によれば、普遍的概念は「もの」であり、個物に先立って実在するとされるが、オッカムは、実在するものはただ個物のみであり、普遍は私たちの心の中にある概念が事後的に当該個物をそのように名づけているだけのことであると説いたのである。つまり、個物に先立って「犬」という普遍的概念が〝実存〟し、それを形相として素材が整形されて、うちで飼っているポチという動物(個物)があるのではなく、ポチという個物を観察者の心中にある概念が「犬」という記号で呼んでいるだけのこと。「ポチは犬である」という命題の真偽は、もっぱら概念相互の関係を規律する論理学の問題になる。

このような立場を実在論に対して唯名論(nominalism)という。なお、オッカムは普遍それ自体を否定したわけではなく、それが概念として人間の精神の内にあることは認めている。ただ、それが精神の外に実在することを否定したにとどまる。その意味でオッカムは、実在論と唯名論のいわば中間に位置する概念論(conceptualism)(正確には反・概念〝実在〟論とでも称すべきか)に立つとも整理されることがある(なお、実在論・概念論・唯名論という枠組でオッカムを分類しようとすること、さらには、普遍論争自体をそのような図式で捉えることは中世哲学の理解を誤らせると批判するものとして、山内2008参照)。

こうして、スコラ学を代表する論争は、中世末期に、オッカムらの唯名論の暫定的勝利に終わった。もっとも、その後、唯名論は、必ずしも安定的に推移したわけではなかったが、一般に、近代科学の哲学的基礎を提供したとされている。

†神の意思の絶対性と恣意性

普遍的概念の客観的実在を否定し、個物を指称する単なる記号と見る唯名論は、実在＝存在の次元から規範の次元を独立させた。そうなると、そこに規範秩序を成立させる何ものかを設定する必要が生じる。そのような意味で、唯名論の中心ないし深奥には「いかなる規範的拘束からも超越した全能なる神、絶対的な意志を行使しつつ世界秩序を刻々と変化させていく力を潜在的に有する自由なる神」という観念が据えられている（小林2015：1018頁）。要するに、唯名論という認識論は「絶対的神の概念からの思想的帰結」であるとされるのである（同頁）。トマスらの概念〝実在〟論においては、世界は個々の普遍的な実体的形相ないし本質によって構造化されているという存在論的世界がまずある、と考えられていた。その意味では規範秩序が「存在論的秩序により堅固に裏打ちされ」ていて、人間も神もこの秩序に組み込まれているが、他方、唯名論においては、「規範秩序は存在の秩序から解き放たれ、自由意志による創造の領野として考えられている」（小林２０１５：１０１８―１９頁）。

先に見たオッカムの唯名論（彼の場合「反・概念〝実在〟論」）にあっては、個々の個物を通貫するイデアは存在しない。イデアは、神に由来する形相や本質を個々の個物に展開させていくものではなく、ひたすら神が創造した個々の個物それ自体を意味する。したがって、イデアは無数に存在する。秩序は、個物に普遍的に妥当する何かではなく、神が個々の人間に対して、いかなる目的論的秩序も媒介せずに、直接命ずるところのものとなる。規範秩序は、神の意思と命令――しかも徹底的に個別化されたそれら――にのみ基礎づけられ、極めて主意主義的なものとして構想されることとなった（小林２０１５：１０１９―２０頁、１０４７―５０頁）。

唯名論と主意主義によって、神の意思は、矛盾律の他には一切の規範的拘束を受け付けず、むしろ規範の始源的根拠そのものになった。自己矛盾は犯せないという〝拘束〟も、しかし当てにならない。オッカムも、神は自らが一度定立した規範秩序には従わざるをえず、彼が行使できるのは「秩序づけられた力（potentia ordinata）」にすぎないとするが、同時に、神はかかる秩序も任意に破棄し、まったく自由に新しい秩序を樹立できる「絶対的な力（potentia absoluta）」を有するとも語っているのである。

神の「絶対的な力」も矛盾律を破ることはできないが、そのような矛盾律を発動させるところの既存の秩序それ自体を覆すことは自己矛盾には当たらないということらしい。とは言え、この矛盾（?）も「既存の秩序」の捉え方次第で解消する。すなわち、神は、一度樹立した秩序も破棄することをとっくの昔から予定していたと言ってしまえば、将来のあらゆる秩序破棄を神の当初計画に包摂させて、実は一貫していたと弁ずることが可能になるからである。

エルシュテインは、このような何でもありの神の観念につき、「確かに、単元的概念——すなわち一個の至高的意思への集約——は、より関係的で対話的な理解を排除してしまう」と指摘した上で、次のように結論づける。「このような見方に立った場合に神の力は、絶対的であるだけでなく、恣意的でもあるのだ（not only absolute but arbitrary）」と（傍点筆者。Elshtain 2008: p. 30）。

スコラ学における意思概念は、①「理性が示す対象に向かうための行為の原動力という役割」を担い、②「責任が帰さるべき部分」としても機能する、という二点を特徴としている（伊藤他２０２０：１２６頁［松根伸治執筆］）。これらは、基本的に、神ではなく、人間の意思について妥当するものであろう。理性による主知主義的な神の把握に到達するための行為へと人をして向かわしめる契機が意思であり、罪や悪の帰責点こそが意思（自由意思）であるというわけである。が、神の意思になると話は変わってくる。オッカム的な構成によれば、①について、神の意思は理性の拘束を受けない主意主義の極致であり、また、②については、そもそも罪や悪の認定根拠である規範秩序の設定自体が神の恣意に委ねられている以上、帰責点として機能しようがない。

このようにして、神の至高性（＝主権性）は、エルシュテインが主張するように「ロゴスとしての神」から「意思としての神」にその重心を移動させ、スコラ学（の少なくとも一つの到達点）は、神の意思に絶対性と恣意性を与えるに至ったのである。

4　至上権争い――神権と俗権の攻防

†神学から政治思想へ

中世スコラ学の展開は、神の至高性（＝主権性）について、その重点をロゴスから意思へ移動させた。「不変なる理性、ロゴス」としての神は、「自由意志を有する人格神」に変貌したのである（小林2015：1019頁）。ロゴスや理性はそれ自体が論理的な秩序をもたらすが、意思を問題にする場合、意思を発する〝主体〟つまり一定の〝人格〟を定めなければならない。先に触れた三位一体論において、現世に贖罪（しょくざい）と救済をもたらすために、受肉化したロゴスであるところのイエスがつかわされたのは、神の人格化の現れと見ることができるだろう。

中世末期から、近代国家の建設に至る歴史過程においては、3節で見た、神の至高性の主意主義的な帰結である〝意思の絶対性・恣意性〟を、世俗の権力の至高性に利用しようとする動きが活発化した。そして、その際、当然、かかる意思の主体となる〝人格〟は果たして誰なのかが問題となる。万能なる意思の持ち主として覇権を争ったのは、教皇と皇帝であった。

†両剣論――神権と王権の区別

神は人間が犯した原罪の贖い（あがない）と救済のためにイエスを現世に送り出した。キリスト教は現世とのやりとりが宿命づけられた宗教である。もちろん、現世には現世のルールというか定めがあり、一筋縄でいくはずがない。素人考えで言えば、先に見たスコラ学の発展過程において、神の至高性が神の意思の恣意性と結びついたとき、人間が何を達成しても神が意味も教えず理由もなしにそれをひっくり返すのであれば、人間にとって神はとたんに「他者性」を増し、《現世は現世で自由にやらせてもらいます》という開き直りが生まれても仕方なかろう。

こうして、あの世とこの世、宗教世界と世俗世界の役割分担をきちんと定めて、両者の連絡回路を開く必要が出てくる。このような発想は、古くは5世紀末、ローマ教皇ゲラシウス1世が唱えた考え方に由来する。彼によれば、神は世俗世界を統治する手段として「権威（auctoritas）」と「権力（potestas）」を認め、前者を司祭に後者を王にそれぞれ授与した。そして、司祭が有する神権（sacerdotium）を王権（regnum）に優位するものとおいた（憲法の教科書では主権の二面性として、「正当性の契機」と「権力性の契機」があげられるが、かかる区別はゲラシウスに由来すると言えよう）。

要するに、神は、世俗世界の事情にも配慮して王に「権力」を与えたが、同時に、王権に勝手をさせないために司祭に「権威」を持たせたのである。このように、神がイエスに世俗世界を支配する全権限を与え、そこから魂の支配権を司祭（その代表格である「教皇」）に、世俗の秩序と平和を守るための支配権を王（その代表格である「皇帝」）に、それぞれ分担させた。このような考え方を両剣論（two swords theory）という。

このような世俗世界の統治をめぐる主導権争いは、教皇優位で推移した。中世においては近代的な国家は存在しておらず、家臣との契約関係に基づく封建領主（王・皇帝）が統治の主体であった。領域主権のような明確な境はなく、無数の契約関係が分散的に存在するのみであった。しかし、ローマ教皇は神権を司るため、王を宗教的に破門することができた。破門された王に対する家臣の服従義務は解除され、王は領主としてのあらゆる権利利益を失うのである。

当時は、ヨーロッパ全土がキリスト教共同体（Christendom）と認識されており、宗教的破門を受けることは致命的な打撃になる。封建領主の権利を失うだけでなく、キリスト教世界から〝村八分〟になるのである。個々の契約関係において存立していた領邦共同体の〝個別主義〟に対して、カトリックの標榜する〝普遍主義〟――カトリックの原義はギリシャ語のカトリコスに由来し「普遍」を意味する――が領主の独立を許さなかったのだろう（正村2018：48頁も参照）。

†教皇至上権へ

ローマ教皇は、王に対する破門権限や王の婚姻に対する介入権限を武器に王権をコントロールしようとした。もちろん、それは当初においては王の魂のケアをするという宗教的な目的に出たものであったのだろう。

11世紀から12世紀にかけて展開したいわゆる「叙任権闘争」も、元はと言えば、世俗権力から教会の堕落を防ぐことに端を発するものであった。私有地に設立された私有教会や修道院の聖職者の選定権（叙任権）は、従来、封建領主のものであった。教会や修道院には寄進による土地などの財産蓄積があり、聖職者選定権限は教会財産の支配権を同時に意味するようになった。このような俗権による宗教支配は聖職者の堕落をもたらす。事態を憂慮したローマ教皇グレゴリウス7世は、1075年に、聖職売買や聖職者妻帯を禁止する命令を発し、領主の叙任権を否定する挙に出た(グレゴリウス改革)。

ローマ・カトリック教会の刷新運動はやがて同教会の政治的覇権を拡大する運動に変化していく。その2年後、グレゴリウス7世は、改革に強く反対した神聖ローマ帝国皇帝ハインリッヒ4世を破門する。追い詰められた皇帝は、教皇のいる居城の外に雪降る中裸足で三日間立ち続け、赦しを乞うたと言われている(カノッサの屈辱)。教皇と皇帝の角逐は、1122年のヴォルムス協約によって、皇帝は俗権の授与のみを行い、叙任権を失うこととされ、一定の決着を見た。

教皇権が絶頂を迎えるのは、インノケンティウス3世(在位1198—1216)のころである。彼はローマ教皇である自らの地位について「神以下であるが人間以上である」と宣言し(Elshtain 2008: p. 48)、神と人間の媒介者つまり「キリストの代理人」であると任じたのだった。叙任権闘争以前は、王こそが「神の可視的な代理人」であるとされていたが(カントーロヴィチ2003:93—94頁)、インノケンティウス3世は教皇をローマ教会創設の祖であるペトロの代理人からキリスト(≒神)の代理人そのものに格上げしたのである（正村2018：57頁）。その4代あとの教皇インノケンティウス4世は、教権はキリスト教徒のみならずそれ以外のすべての人間にも及ぶとし、「法上の普遍的君主（de jure the universal monarch）」であることを宣言した（Elshtain 2008: p. 48）。

こうして教皇至上権（plenitudo potestatis / papal plenitude of power）が確立した。実際、「法上の普遍的君主」よろしく、十字軍の派遣もこの教皇権の絶頂期と重なっている（小田垣1995：93—95頁）。

5　中世の解体と主権論の浮揚

†教皇の没落と中世の解体

ローマ教皇はいくたびか皇帝を破門し、また、王の婚姻・離婚問題に介入し続けた。教皇至上権の下で教皇と教会は次第に政治化していった。が、それはまた、教皇庁が統治組織として整備されていく過程でもあった。中世では、ローマ法が再発見・再評価されたが、それが求める規範の普遍化、中央集権的官僚組織、法律顧問による法理論の精緻化などを受容したのは教会であった。封建領主たちは、個別的な慣習を重んじるゲルマン的世界に生きていたので、ローマ法を受容できる素地があったのは普遍宗教を標榜するローマ教皇の組織しかなかったのである。やがては、それが絶対化する世俗君主制に模倣され、俗権統治の組織化に役立つことになるわけであるが……。

いずれにしても、絶頂を極めた教皇至上権は、その政治化によって衰退し始める。教皇ボニファティウス8世は戦費調達のための教会課税をめぐってフランス王フィリップ4世と対立した。ローマ教皇庁にとってフランスは最大の収入源であったからである。フィリップ4世は、世論を味方につけるために聖職者・貴族・平民の代表からなる会議体をノートルダム寺院に設置して対抗するなど対立は激化をとげ、結局、教皇側が敗北し、ボニファティウス8世は憤死した。

その後、フランスはフランス出身のクレメンス5世を教皇に擁立し、1309年に教皇庁はローマからアヴィニョンに移転されるに至った（アヴィニョン捕囚）。教皇庁は地理的にもフランス管轄化に置かれることになった。「教会の中に王国があるのではなくて、王国の中に教会がある」という考え方が広まったのである（佐々木2012：124頁）。

やがて教皇庁はローマにもどるが、1378年、ローマとアヴィニョンに別々の教皇が擁立される事態となり、教会大分裂（Schisma）が発生する。混乱の中、1414年から開始されたコンスタンツ公会議において、統一の教皇を選出することで大分裂を回避するとともに、教皇に対する公会議の究極的優位を明らかにした。神の代理人としての資格は教皇個人ではなく公会議という会議体あるいはローマ教会という団体に帰属することになったと言えるだろう（のちに、教皇が復権し揺り戻しとなるが）。

その後の展開は詳述するまでもないだろう。神権と俗権の攻防の中、教皇至上主義が衰退し、教会そのものが混沌と化し、王国は継承権争いなどを理由に戦争を繰り返す。カトリック教会の堕落に対して宗教改革の波が押し寄せ、それに次いでヨーロッパ全土で宗教戦争が展開された。こうして中世は解体され、16世紀から17世紀にかけてのカオスの中から、秩序を回復するために主権論が浮揚してくるのである。

†主権論と「王権の自律」──家族・教会・国家

主権論を国家論・統治原理論として最初に定式化したのは、ジャン・ボダン（1530─96）である。彼は、その著書『国家論』（1576年）において、マキャヴェリズムがもたらす君主の暴君化と、ユグノーらによる抵抗権や暴君放伐論（ほうばつ）の放縦化（ほうじゅうか）がもたらす無政府状況の双方を回避するために（佐々木1981：190頁）、競合対立する諸団体から「主権」概念によって国家を区別し、もって混沌と化すヨーロッパを整序しようと考えた。

ボダンの構想する国家とは、主権を保持する家父長制的家族共同体をベースにしている。

主権とは絶対的でかつ永続的な権力を意味し、その核心的な制度表象として、彼は「立法権」をあげた。彼の言う立法権とは「他人の同意を得ることなく、すべての人々または個人に法を与える権限」を指す。これは中世の封建制がはぐくんできた〝慣習法〟による統治(中世的意味における「法の支配」)を、主権者の〝意思〟が下す絶対的命令でブルドーザーのように根絶やしにすることを宣言したに等しい(ボダンは主権を制限する議論もしているが、この点は後述)。このような立法権に次いで、ボダンがあげる主権の作用・制度には、外交権、人事権、終審裁判権、恩赦権、貨幣鋳造権、度量衡の統一そして課税権などがある。

教皇・教皇庁の衰退が進む過程で、俗権たる君主は、従来は教皇庁が得意とした統治の官僚組織化を進め、封建領主(貴族、聖職者、騎士など)がそれぞれ形成する中間団体を媒介項とする統治体制を整えていった(「社団国家」)。その際に、教会勢力と内部勢力からそれぞれ自律性を確保するために用いられたのが「主権」というアイディアであった。

有名な例としては、ヘンリー8世(在位1509—47)によるイングランドのカトリック教会からの独立があげられる。ヘンリー8世は、キャサリン王妃と別れて侍女のアン・ブーリンとの結婚を望んだが、王の婚姻問題に権限を持つのは教皇であった。婚姻無効化の求めを認めない教皇クレメンス7世と対立したヘンリー8世は、カトリック教会からの離脱を決意し、その制度的実行に着手し始める。

まず、聖職者会議（議会）の権限を制限して立法権を掌握し（「聖職者の服従」1532年）、教皇の収入源を断ち（「初収入税上納禁止法」1532年）、司教選任問題（人事問題）や婚姻問題をはじめとする諸紛争につきローマ教皇庁への上訴を禁じた（「上訴禁止法」1533年、大野1959参照）。それら制度変更の総括として、ヘンリー8世は1534年に「国王至上法（Act of Supremacy）」を定めて、イングランド国教会を樹立させるとともに、イングランド教会のカトリック教会からの離脱を宣言した。本法によって彼はイングランド国教会のカトリック教会をその「地上唯一最高の首長」と任じて、教皇の普遍的支配を拒絶して教会財産を手中に収めた。

ヘンリー8世の改革では、「主権」という言葉は明示的には用いられていないものの、一連の制度的実行は「国家主権」の確立を目指したものであるとの評価が定着している（Elton 2019: pp. 165–166は、テューダー革命の必須要素は国家主権の概念（the concept of national sovereignty）であった、とする）。ヘンリー8世が試みた制度改革（立法権、人事権、終審裁判権、課税権などの改革）は、ボダンの主権論が列記していた制度表象と重なる。そして、対外的独立をカトリックとの決別と自前の国教樹立によって果たしたのだ。まさに、主権国家の設立の典型例と言えよう。

もっとも、これらの動機となったのは離婚の実現である。家庭内のゴタゴタを主権を援用して解決しようとするのは、何とも劇的でロマンチックであるが、ボダンが国家の基礎をまさに家父長制的家族共同体に据えていたように、家庭問題は、当時、切実な〝統治問題〟であった。ヘンリー8世が家父長としてしっかり振る舞うことは〝国家的問題〟だったのである。

†神を演ずる王——王権神授説の専制化

こうして近代的な国家建設の下準備が着々と進むことになる。ボダンの主権論に代表される考え方はそのための理論的基礎を提供することになった。

確かに主権者の命令を立法と見るボダン理論は君主の絶対化を招く危険性があったが、同時に、彼の理論は、むき出しの権力の専制化をどうにかしなければならないという反マキャヴェリズムに立つものであったから、強力な君主の下での「正しい統治（droit gouvernement）」にも視線が注がれていた。

ボダンによれば、君主は自然法に従い、臣下と財産・公益を共有することが前提になっている（佐々木1981：195―198頁）。しかし、現実的に到来したのは絶対君主制であった。君主権力は、ボダン的主権論のみならず、教皇至上権の伝統も吸い上げながら、神がかり的な権力観を生み出した。「王権神授説（theory of the divine right of kings）」である。

本格的な王権神授説の先駆者とされるイングランド王ジェームズ1世（在位1603―25）は、1609年3月21日、イングランド議会における演説で次のように語った（Oakley 1984: pp. 96–97）。

「君主制はこの世で至高のものである。それは、王が神の代理人であり、また神の玉座におわすからだけではなく、神ご自身によっても王は神と呼ばれるからである。」

「神は、意のままに、創造することも破壊することもできる力を持ち、作ることも作らなかったことにすることもできる力を持つ。生かすことも死を与えることもでき、すべての人を裁く力を持つが、誰にも裁かれず、また誰にも責任を負わない。……略……。同じような力を王も有する。」

ジェームズ1世のこの宣言は、キリストの代理人たる教会を否定し、自らがその代理人としての地位に就くことを意味する。否、彼は「王はまさに正しく神と呼ばれるのである」と喝破し、今や神そのものにならんとしている。教会から離脱することにより王権を教会化し、神の権限と同じ権限をあずかることにより、神になりすますものである。創造者でもありかつ破壊者でもあって、しかもそれを恣意的に行使することが可能な上、人は裁くが自身は誰にも裁かれず、無謬の存在として立ち現れる。主権論は、神の至高性をまとった至高の君主を登場させたのであった。

王権神授説の代表的提唱者にはもうひとり、ロバート・フィルマー（1588―1653）がいる。彼は、その主著『パトリアーカ（家父長制論）』（1630年代に執筆開始、1680年公刊）において、王権をアダムの父権を継承したものとして理解した。神はあらゆる支配権をアダムとその継承者に付与し（「父の権利（potestas patria）」）、君主の統治権はこの人類最初の王＝父であるアダムの権限を引き継ぐものであると言うのである。

しかし、ここからが、フィルマーの真骨頂で、ボダンでさえ立ち入らなかった領域に彼は踏み込んでいく。人間の自由の否定である。彼は、人間の自由は決して自然に享受できるものではなく、神によって限定的に認められた特権に過ぎないとする。「人間は生まれながらの奴隷である」というわけである（ロック2010：30頁）。それにもかかわらず自由を気楽に求める俗人の妄言に対して、フィルマーは「自由の希求がアダムの堕落の原因だったということは思い出しもしない」と嘆き呆れるのである（古田2018：39頁）。

もちろん、フィルマーは自由の否定を単純な専制的動機で言っているわけではなく、自由の放置がもたらす政治的危険性を意識している。が、とは言っても、やはりピンと来ない。上述の彼の嘆息が示唆するように、自由を求めた結果が堕落だとすれば、その張本人であるアダムも自由を希求したことになる。博打に手を出して無一文になってゼロから家を築いた初代が、後継者に博打にだけは手を出すな、というわけである。そんな堕落の始祖を引き継ぐ父＝王のみが、例外的に特権としての自由（つまり堕落への第1歩）を人間に与えることができる、というのはとてつもないパターナリズム（父権的介入主義）である（むしろ、自由を与えてなお堕落しなかった者が父＝王になるべきだろう）。いずれにしても、自由を求めた末に王＝父が自ら犯した失敗や懺悔を棚上げにして、子には自由を戒め、その否定を説くというのはいかがなものか。

こうして、神の至高性を利用して王権を正当化し、教化しようとした俗権であったが、その帰結は王権の絶対化と君主の専制化となって現れたわけである。

†中世神学の「反転応用」としての主権論

ヨーロッパ中世における教皇至上主義の旋風の中、君主たちは、独自の統治形態を模索し続け、教皇権の衰退とそれに伴う中世解体後の混沌の中から主権論によってローマ教会と距離をおき、近代主権国家の建設に乗り出した。その際、君主たちは、中世神学の成果である「神の至高性」を反転応用するとともに、中世神学が再発見したローマ法（君主無拘束や官僚組織化）も借用して、まさにジェームズ1世の宣言に典型的に表れているように、君主とその体制の万能性・永遠不変性・無謬性・無答責性を根拠づけようとしたのである。

「現代国家理論の重要概念は、すべて世俗化された神学概念である」と言ったのは、20世紀前半に活躍した政治学者カール・シュミット（1888—1985）であったが、まさに歴史はそのように展開したのであった（シュミット1971：49頁）。主権論を用いて教会から離れることにより、俗権は神権化し、国家は教会化したのである。

もちろん、現代においてはむき出しの神がかり的政治をやるわけにはいかない。が、シュミットが、ボダンに依りつつ、「主権者とは、例外状況にかんして決定を下す者をいう」（シュミット1971：11頁）と述べるとき、今日でも、例外状況において国家指導者が神の至高性をまとった主権の至高性を露骨に振り回すことがないとは言えない。中世神学の遺産は現代においてもそのような状況下でよみがえる可能性があるだけでなく、著名な政治学者によって予見（期待？）されてもいたのである。

†主権と法——至高性を枠づけるもの

だが、既にところどころで触れたように、中世から近世にかけての神学および政治思想は神権そしてそれを参照した俗権の双方について、それらを制限づける理論もしっかりと用意しており、決して無制約なものとして構成していたわけではない。

まず大きくは、教皇権も君主権限も、当時のヨーロッパの別称とも言いうる「キリスト教共同体」に枠づけられていた。神がイエスに託した両剣（神権と俗権）はともにこの世界観に閉じ込められているのである。なので、適切な表現は思い浮かばないが、両剣（両権）共に神の摂理のような大局的観念に枠づけられていたと言えるのではないか。

次に、「理性」による枠づけがあげられる。中世神学はトマスに代表されるように主知主義的な神理解をしてきた。既に見てきたように、人間はいかにして神を知ることができるか、という問いに表れているように、神と人間の関係性をめぐって理性を駆使することによって両者は接近できると考えたのである。また、「ロゴスとしての神」の考え方によれば、神そのものが理性の極致と言えるのであって、その至高性・主権性も矛盾律などの論理原則から逸脱しえないと説かれたのである。この理性による枠づけは、すぐ次に見る法による枠づけ、特に「自然法」による制限に深く結びついている。

というわけで、「法」による枠づけも重要である。これも既に述べたように、中世において世俗世界の「法」は、封建制度の中ではぐくまれた慣習に依拠するもので、ローカルで普遍化されない〝慣習法の支配〟こそが「法の支配」の原型であった（「中世的意味での法の支配」）。これを一変させたのは、教会側が受容・発展させたローマ法的統治論とそれを定式化したボダンの主権論であった。法は主権者＝君主の命令であり、上命下服の支配構造の基礎となったからである（佐々木2012：102頁）。

しかし、そのような主権者の命令＝法という見方にも一定の秩序が構想されてきたのも事実である。

例えば、トマスは、俗界の統治について、整序された法の体系を構想していた（稲垣1999：426―440頁）。まず、永遠法（lex aeterna）というものがあり、これは万物を規律する神の摂理そのものの支配を指す。理性的被造物である人間は理性を用いてこの永遠法を読み解き、自然法（lex naturalis）としてそれを分有する。そして、自然法という根本法を人間社会に適用するために具体化したものが人定法（lex humana）である（いわゆる「実定法」のこと。教会関係に向けて実定化されたものとして神法（lex divina）があり、二本立てになる）。こうして、王は永遠法以下の法体系に拘束される。永遠法は神の摂理そのものであるが、それを人間は理性によって解釈するのであるから、神の摂理そのものも理、性によって読解可能なものでなければならない。

さらに、公会議（concilium）による制限もなされるに至った。またまた既に見たように、教皇の乱立がもたらした14世紀後半の教会大分裂に対処するために、１４１４年よりコンスタンツ公会議が開催され、教皇に対する公会議の優越が宣言された。かかる公会議主義（conciliarism）の要諦につき、本書にとって重要なものとしては、①教会の頭は教皇ではなくキリストである、②教会の基底的権限は教皇にではなく全信徒団体である教会にあり、教会はそれを当該団体の代表である公会議に付与している、③教会が分裂・堕落・腐敗・異端化に陥った場合、公会議がその統一や解決を行う特別の義務を負う、等があげられる（Petry 1962: pp. 164–167, 173–174）。

この考え方に特徴的なのは、教会の主権（至高性・至上権）は、教皇という個人が保持するのではなく、信徒団体としての教会自体に与えられているとする点、そして、その団体の代表機関である公会議が保持・行使する点、主権保持者（公会議）が教皇に対して絶対的な優越権を行使できる局面は大分裂や大腐敗などの危機的場面（例外状態）に限定されている点、である。これは法学的に言い換えれば、「団体法」や「代表制」の思考方法で主権を枠づけようとするものと言えるだろう。

6　本章のまとめ

本来なら以上に続けて、ホッブス、ロック、ルソー、シィエスなどにも触れるべきだろう。しかし、主権の本質についてはこれまでの検討でほぼ十分である。「人民主権」論や「憲法制定権力」論については、後に適宜言及することになるが、それでも本質は同じである。

「ロゴスとしての神」は中世スコラ学を通じて「意思としての神」に変容した。それとともに、至高性＝主権の核心も「ロゴス（言葉・理性）」から「意思」に重心移動したのである。「意思」が問題になる以上、意思を表明する「主体」が必要になる。こうして、主権は「主権者」を必要とし、主権論は「主権者は誰か？」を主題化することとなった。

そうなると、主権と同一化できる「意思」をもった主体が求められるようになり、また、その主体は、主権すなわち至高的絶対性を人格化している必要があるので、必然的に単一者でなければならない（なお、主権＝至高性を「絶対無」と見る立場からは、主権は何らかの実体［「有るもの」］との同一化を許さず、むしろ同一化を拒み続ける点において意味を持つ。嘉戸2019：126―127頁）。この一なる絶対者であろうとしたのが教皇と王であった。

そして、教皇と王が、神・キリストから託された両剣をそれぞれおとなしく分担することに飽き足らず、主権者としての位格と実権を争ったのが中世なのである。

そして、既に見てきたように、主権論は「法とは何か？」をめぐる議論と関わっている。果たして、法は、歴史の試練を耐え抜いた慣習なのか、主権者の命令なのか。中世は両者の攻防の歴史でもあった。もし後者の「主権者の命令」こそが法であるとすると、それへの服従を求められる人々の心の中にはひとつの大きな不安が生まれて来る。つまり、主権の至高性が主権者の万能性・永遠不変性・無謬性・無答責性をもたらすのだとしたら、それは主権者の絶対性を印象付けるだけではなく、主権者の「意思」の「恣意性」という深刻な不安を人々に強く想起させることになるであろう。

さて、意思が介在しない状態を「自然」と呼ぶのであれば、主権者の意思がその出発点となる法の世界は、とてつもなく「不自然な世界」ということになる。意思が世界と秩序を生み出す、この不自然で、かつ、恣意的な主権者構想を制限するために編み出された論法が「自然法」であった。トマスによると、自然法は神の摂理の現れである永遠法を人間が「理性」を用いて読み解いたものである。

これはこれで作為的な（つまり不自然な）行為であるが、しかし、「理性」はあくまで「自然」の側にあるとされた。スコラ学では自然とロゴスは実は一体のものであるとされていたらしい（リーゼンフーバー2000：142頁）。つまり、「意思」の恣意性を制限しうるのは「理性」であって、同じ人間の所為でも「意思」と「理性」は区別されるだけでなく、対置されるのである。このように、意思＝不自然を理性＝自然が掣肘（せいちゅう）するという対照性が神学ならびに法学の伝統にはある。

「意思としての神」の覇権に対して、「ロゴスとしての神」の発想がふたたび呼び起こされ、巻き返しを図るというのが法学の持つもうひとつの系譜である。そして、「意思」と「ロゴス」の両方が神＝主権者自身に内在化していると見るのであれば、主権の制限はまさに主権者自身の自己拘束――あるいは自己矛盾を引き受ける絶対者の内的葛藤――として現れることになろう。

第 2 章

主権者Part2
——忘れられた巨人

『巨人』ゴヤ伝、フリア画

1　破壊者＝創造者

†〝破壊者＝創造者〟としての神――大魔神・ゴジラ・宇宙人

前章では、主権論の神学的源流をたどってみた。主権概念の原型は、神の至高性＝主権性に求められる。中世におけるその発展史は、この概念が〝ロゴス〟の至高性から〝意思〟の至高性へと遷移していったことを示していた。言葉や理性の至高性がやがて意思の至高性に、そして意思の至高性は意思主体の絶対性に、次々と変換されていく。こうして、〝意思主体＝主権者〟の絶対性は、万能・永遠不変・無謬（むびゅう）・無答責などとパラフレーズされ、ついに人々は《主権者とは恣意的な者である》との思いを抱き始める。人々は、主権者（神／君主）の意向を忖度（そんたく）しつつ長年にわたって耐え忍ぶ。そのような血の努力で主権者のために積み上げたものを、当の主権者によってある日突然丸ごと否定され、根底から覆されたとしても、下々の者たちには計り知れない摂理のしからしむるところとして、受け容れることを強いられる。まさに、先に引用した王権神授説の提唱者ジェームズ1世が君主を神に擬して、「神は、意のままに、創造することも破壊することもできる力を持つ」

と宣していたとおりである。

主権者の絶対性は、このように創造者＝破壊者としての神のイメージがつきまとう。そんな破壊・創造を演ずる鬼神として私が想起するのは、少々古いが『大魔神』である（かなり古いか）。『大魔神』とは大映の特撮時代劇映画で1966年の第1作（安田公義監督）を皮切りにシリーズ化され、その後、リメイク企画が持ち上がっては消えを繰り返し、2010年に『大魔神カノン』（テレビシリーズ）や、2021年に劇場映画『妖怪大戦争ガーディアンズ』（東宝／KADOKAWA）の成立を見るなど、数々のオマージュを喚起し続けた名作である。

さて、大魔神とはいったい何者なのか？　ストーリーはこうである。戦国時代、領民を搾取する領主がいた。苦しい日常を耐える領民たちの心のよりどころは、「阿羅羯磨（あらかつま）」の住む聖地にある大きな石像であった。山中の摩崖仏（まがいぶつ）のように半身を地中に埋められた、その巨大な石像は、素朴なハニワのような面持ちのオダヤカなものであったが、その巨像に対する領民の信仰を警戒した領主は手下に破壊を命ずる。巨大な杭を石像の額に打ち込むとそこから赤い血が流れだし（当時未就学児童であった私は劇場でこのシーンを見ておぞ気だった）、石像の柔和な面相は鬼神のそれに一変し、大魔神に変身。岩肌から立ち上がり、手下を次々に踏みつぶして、城に向かう。城内では家臣や下人が抵抗むなしく皆殺しにされ、領主も大魔神の手中にとらわれた。魔神は額の杭を引き抜き、領主の胸にそれを突き刺した。

ここまででも幼少の私にとってはかなりショッキングな内容だが、さらに私を恐怖させたのは、大魔神の面相よりもはるかにコワイ五味龍太郎演ずる領主の面相と、城内を破壊し尽くした大魔神が、怒りがおさまらず、無辜（むこ）の領民たちをも踏みつぶしていくシーンであった。石像を大切に守り、厚く信仰してきた村人たちをである。こんな理不尽があるだろうか。子供心に神の意思の絶対性（＝恣意性）に対する畏（おそ）れ（と同時にかなりの怒り）を感じたものである。が、高田美和扮する村娘が魔神に近寄り（近寄るだけでもものすごい勇気だ）、自分を捧げるので怒りを鎮めてほしいと懇願し、涙すると、魔神はたちまち土くれと化し、跡形もなく崩れ去る……という筋書きであった。

映画『大魔神』は子供の私に次のような教訓をもたらした。……神の暴力は、神さまだけに、善悪の摂理に基づいて行使される。領民の苦境をお察しくださり、悪いヤツラをやっつけてくださる。しかし、やはり神さまだけに、あまり細かいことは気になさらないようで、個々の人の事情や感情は全く無視してその破壊力はある意味で等しく及ぶ（無辜の領民や抗命権など持たない城内の家臣たちの死）。でも、真に純粋な信仰の前には、やはり神さまだけに、ちゃんと聞き入れてくれる。とは言え、何が起こるか分からないから、めったなことがない限り、神の力にはすがらないようにしないといけないな。ああ、映画でよかった……。

これが『大魔神』ではなく、映画『シン・ゴジラ』(2016年、東宝)のゴジラや、映画『宇宙戦争』(2005年、パラマウント)の宇宙人であったら、問答無用の破壊と殺戮が行われるだけである。大魔神はまだ人間と対話可能(ということは交渉可能)であるが、ゴジラや宇宙人はそうではない。大魔神には通用する「祈り」や「涙」というコミュニケーション手段が、ゴジラや宇宙人にはそもそも使えないからである。しかし、だからこそ、「祈り」や「涙」を無視しうるだけ、大魔神の暴力の方がより残酷である。ゴジラのそれは殺戮というよりも〝自然現象〟であり、宇宙人のそれは単なる〝清掃作業〟に近い。とは言え、どれも映画である。人間が作り出したフィクション(概念)に過ぎない(ほんとうに映画でよかった)。

破壊の象徴であるこれらの「主権者」たちは、同時に創造の象徴としても描かれているように思われる。『大魔神』では純粋なる真の信仰の力を領民たちは再認識して劇は終わる。『シン・ゴジラ』は制度疲労に侵された日本国家の再創造が展望され、『宇宙戦争』では、破綻(はたん)しかけた家族が再生する。破壊と創造がワンパッケージになっている。

2 〝破壊者＝創造者〟としての「憲法制定権力」

†憲法制定権力とは

〝破壊者＝創造者〟という主権者イメージにとてもよく当てはまる概念がかねてから憲法学の世界でも語られてきた。「憲法制定権力（pouvoir constituant/constituent power）」というものがそれである。

憲法制定権力（「制憲権」と略称される）は、憲法を創り出す力またはそれを有する主体を指す。したがって、それは憲法を「創出」する力であって、既にある憲法を「改正」する力とは区別される。憲法が創り出される状況は、戦争・内乱・革命・天変地異の最中あるいはその直後といったカオス的状況であるかもしれないし、あるいは、静かではあるが着実な秩序変動として整然となされることもあるだろう。いずれにしても、変動期において憲法制定権力がどこからともなく立ち上がり、憲法を創出し、それを頂点とする〝法的世界〟を拓く（ひら）のである。言ってみれば、政治的空間の中で、ある種の変動のうねりが起こり、それとともに制憲権がぬっと出現し、法的世界をビッグバンよろしく創出する、というイメージである。制憲権は法的世界の創造者であり、政治的混沌の中に法秩序をもたらす救世主である。

むき出しの力が法に、混沌が秩序に、変換された以上、開闢（かいびゃく）された法的世界はその内的論理にしたがって安定的に展開・推移するように組み立てられている。制憲権も自分の自信作である（はずの）憲法を朝令暮改するわけにはいかないから、いったん出来上がった憲法秩序の運営は、自らが生み出した国家権力に任せて、よほどのことがない限り口を出さない。そして、よほどのことがあっても、自らが創出した法的世界の内的論理に縛られ、手続的・実体的な条件で縛られた「憲法改正権」としてしか行動できない。

憲法制定権力は憲法秩序を立ち上げると、憲法秩序の内部に自らを幽閉し、憲法の定める行動ルールに自らを拘束するわけである（このような改正権のことを「制度化された制憲権」と呼ぶことがある）。これが、むき出しの政治的混沌とは異なる法的世界の基本パラダイムなのである。

†〝破壊者＝創造者〟としての制憲権

憲法制定権力は、新しい法的世界の創造者であるが、それは同時に、旧体制の破壊者でもある。前の憲法とその下で蓄積された制度や秩序を破砕して、新しい憲法を作りあげるのが憲法制定権力だからだ。究極の主権者である憲法制定権力は、神が万能で絶対であったように、既存の秩序を容赦なく破壊する。地上の人間たちは、予測もしないちゃぶ台返しをされても、至高の摂理だとかなんだとかによってただただ納得を強いられる。もっとも、審判は、他面で、誰かにとっての救済であるかもしれない。あるいは、あらゆる人に対する裁きかもしれない。要するに、究極の主権者たる制憲権は、神がそうであるように《何をするかわからない》。

　憲法制定権力という概念を初めて定式化したのは、フランス革命の理論的指導者アベ・シィエス（1748―1836）であった。彼は、革命前夜の1789年に『第三身分とは何か』を発表した。当時、シィエスはフランスには憲法が必要だと考え、その樹立を主張し、第一身分である聖職者、第二身分である貴族に次ぐ、第三身分として「国民」をおいた。この「国民」こそが憲法制定権力であり、来るべき憲法の樹立にあたって決定的な役割を果たすことを彼は予言（煽動？）したのである。

　シィエスの「国民」概念は少し変わっている。彼においては、「国民」とは常に自然状態にあり、「実定的形式の束縛を受けてはならない」存在として想定されている（シィエス2011：109頁）。したがって、「国民は全てに先行して存在するのだ。国民は全ての源だ。その意思は常に適法なのだ」と連呼して、さらに彼は次のように言う（同105、

110頁）。

「反復を恐れず繰り返し言おう。国民は、いかなる形式にも拘束されない。そして、いかなる態様で望もうとも、国民の意思が表明されさえすれば、国民は、全ての実定法の源泉であり最高の主人であるのだから、いかなる実定法も、その意思の前には効力を失うのだと。」

こうなると、制憲権は何でもありの秩序破壊者のように見えてくる。もっとも、いかなるものにも拘束されないとは言え、まさに「実定法の源泉」にして「最高の主人」であるが故に、自分で自分を拘束する取り決めを「真実いかなる形式にも縛られない最初の行為」においてしっかりと定めておくことは可能であろう（いわゆる「プリコミットメント論」）。しかし、シィエスによると、制憲権は、どんな取り決めを自分でしようが、「翻意する権利」を持つ（シィエス2011：108頁）。彼は次のように述べている（同108―109頁）。

「しかし、いかにして自分自身に対して義務を課すことが可能だろうか。自分自身との契約とはいったい何であろう。双方が同一意思なのであるから、契約といったところで常にそれから離脱することができるのである。」

このようにシィエスの描く制憲権は、法的世界に先立つ究極の主権者――すなわち神の絶対性や万能性を想起させる〝破壊者＝創造者〟――である。彼の挑発が功を奏して、制憲権はもはや止めることのできない勢力となり、憲法制定国民議会において憲法を制定し、旧体制を破壊・転覆する革命を実現したのである。

3　主権者をおさえ込む？

†超越的規範に訴える――自然法論の系譜と主権者の自己拘束

このような万能の破壊者に対して法学や政治学は、もちろん手をこまねいてきたわけではない。およそ以下のような対応策が提案されてきた。

第1に、超越的規範に訴えることがあげられる。

既に第1章の5節の終結部や6節でも触れたように、中世神学は、神の至高性がもたらしうる《神の絶対性・万能性・永遠不変性・無謬性・無答責性》に対処するために、「自然法」によってこれを枠づけようとした。神の至高性をとことん主張する系譜と並んで、それを制約しようとする系譜が併存してきたのである。絶対者である神をも超越する規範として早くから重視されてきたのは「理性」であった。人間はいかにして神を知ることができるかという切実な問いに対して、理性を駆使することによって神や神の摂理は読解可能であると見る神学的伝統が築かれた。

「意思としての神」以前から存在する「ロゴスとしての神」の考え方によれば、神こそは理性の極致であるから、その至高性・主権性も矛盾律などの論理原則から逸脱しえないと説かれたのは既に触れたとおりである。自然法による至高性の制限のミニマムな要素は、この理性による枠づけである。また、神を制約づける要素としては、これも既に触れたところであるが、キリスト教共同体(＝ヨーロッパ)の摂理あるいは共同利益もあげられよう。

先に引いたシィエスは、革命を挑発する必要からか制憲権たる国民の万能性を強調していたが、実は『第三身分とは何か』においても制憲権の〝限界〟をいくつかほのめかしている。彼は、制憲権者である「国民」につき、「国民は全てに先行して存在するのだ。国民は全ての源だ」と述べつつも、同時に、「国民に先行し、その上位に位置するのは自然法のみなのだ」と語っている（シィエス2011：105頁。傍点原文）。また、そのような国民がいったん決断したことも随意にひっくり返す権利を有すると述べつつも、「いかなる意思を持とうとも、国民の利益を守るために必要となれば、翻意する権利を失うことはありえない」として、国民利益の守護を翻意の条件とおいている（同108頁）。これらは、中世神学が唱えた自然法やキリスト教共同体の共通利益と重なる。

しかし、主権を超える超越的規範を想定したとしても、それに対する侵犯を誰が認定するのだろうか。主権者が自然法に違反したとしても、その違反を認定する審級を誰が担うのか、また、違反を是正する上級者はいるのか。主権者を至高の存在とおく以上、そのような審級も上位者も定義上存在しない。

したがって、自然法のような超越的規範もその限りでは想定しえない。この点、これも第1章2節で引いたところであるが、美濃部達吉も、「最高の意思力」は他者の意思に拘束されないことを強調していたが、彼はこれを言い換えて、「国家の意思力は国家が自ら制限するほかには他の者の意思に依って制限せられ拘束せらるることの無いことを謂う」と述べていた（美濃部2018／初版1912：32頁）。要するに、最高意思力である主権者自らが他者を内部化すること、つまり、外的規範を内部化する「自己拘束」こそが、主権者の規範的拘束が成立する唯一の途（みち）ということになろう。

たびたび引用してきたエルシュテインは、神でさえも自己の意思に拘束されるという考え方は、これを君主に向けて反転させることによって、自然法に基づく社会契約論を強力に推進したと述べている（Elshtain 2008: p. 122）。彼女によれば、神の自己拘束論の君主への反転応用こそが《立憲主義の始まり》である（Elshtain 2008: p. 119）。だとすれば、主権者を規範的に拘束するという企てが立憲主義にとって必須の第1歩であったということになろう。

†主権者の出番を少なくする――制憲権の常駐か封印か

第2に、主権者の出番を少なくすることがあげられる。

シィエスの説く憲法制定権力は「革命」という例外的な非常事態に向かって勢力を強め、体制転覆の大暴れをするものとして描かれている。しかし、いったん革命が実現し、憲法が制定されると、制憲権者である国民はその権限を代表機関に委譲し、おとなしくなるものと考えられていた。実際に、制憲権を煽るだけ煽ったシィエス自身が、革命成立後には制憲権を一定の制限下におこうとしたのである。

この点、本章の2節で触れたように、制憲権はいったん憲法を定め、法的世界を創造すると、自らが樹立した法的世界の中に自己を幽閉し、その後は、憲法やその他の実定法に拘束された憲法改正権力（改正権）に姿を変える、と考えるのが憲法学の支配的見解であった。憲法改正を通じて法的世界のメンテナンスに努め、憲法そのものの全面否定（＝新たな憲法制定）はできないという考え方である。しかし、このパラダイムに安住することも難しい。憲法のメンテのために改正権が法的手続にのっとって動き出したものの、何やら怪しいフンイキの中で、いきなり現憲法を根本から否定する改正（つまり新たな憲法の制定）に進み出る可能性があるからである。

これは杞憂ではない。何より、現行の日本国憲法それ自体がこのようなうねりの中で出来上がったものであるからである。現行憲法の成立は、明治憲法の改正手続規定を用いたものであった。にもかかわらず、出来上がった新憲法は旧憲法の部分的メンテナンスではなく、革命的変更を伴うものであった。かかる脱法的革命を実施した〝憲法制定権力〟を、マッカーサーと見るか、ＧＨＱあるいは極東委員会と見るか、はたまた新生日本国民ならびに天皇とそれらの外国勢力との集団的共謀と見るかはともかく、改正権を隠れ蓑にして制憲権が立ち上がってできたのが日本国憲法なのである。

また、そもそも制憲権の役割を憲法制定時だけに限定しない考え方も有力に主張されてきた。カール・シュミットは、制憲権は憲法の制定という大業を行ったあとも「費消されることはない」とし、改正権に吸収されるという考え方を明確に否定している（シュミット1974：117頁)。シュミットは、制憲権は特定の手続に縛られることのない、上位の存在として憲法を頂点とする実定法秩序に君臨し続ける、つまり、「可能性の状態において常に存続して」いると説くのである（憲法制定権力の常駐論）（同116—117頁）。

言うまでもなく、憲法制定は主権者の最も大きな仕事である。制憲権は、法なき政治的カオスにあって、憲法を定めることによって法的な時間と空間を拓く力であるから、それ自体は法外の概念ということになる。このおそるべき破壊と創造の力をどうにか実定法の世界に取り込もうとしてきたのが法学の伝統、否、法の使命であるから、法学者である私のみならず、法の支配の下で生きる私たちは、シュミットのように制憲権を常駐化させて秩序に例外状況をもたらすことをそう簡単に認めることはできない。だとすれば、法の立場からは、制憲権を法外の世界の現象と割り切り、とりあえず、改正権だけを相手にすることで、実定法世界の完結性を守り切る方がいい。

要するに、憲法制定権力として政治的カオスの中に立ち現れた主権者は、憲法を制定し、実定法世界を拓いたのちは、みずからの決断においてその手足を縛り、改正権の資格でしか活動せず、現行憲法の部分的メンテナンスしか行わないとの自己拘束を施したと見るべきである（かかる自己拘束を明らかにしたもののひとつが日本国憲法の場合、96条である）。

そして、改正権の行使が容易に制憲権に化けるきっかけにならないように改正手続は厳重にしておく必要があろう。かくして、いったん法的世界を拓いた以上、当該法的世界が続く限り、憲法制定権力にはその後の出番がない。こう考えるのは決して不自然ではなく、至極当然のことなのである（「主権的である」こととは、法そのものから解放されていることを意味するのではなく、法秩序をどのように構想するのかという権限を有することを意味するに過ぎない、という考え方については、嘉戸２０１９：87頁参照。主権を法外の概念と見ることを拒否するのであれば、先に述べたように、憲法制定権力の概念も完結した法体系の中に閉じ込めるべきである）。

†主権の独占を許さない――意思主体か代表機関か

第3に、主権を特定の主体に独占させないことがあげられる。

王権神授説は、神の至高性＝主権性を根拠に君主に主権を担わせた。主権の絶対万能性は、そのまま君主という特定の人格の恣意を正統化し、統治は支配者のほしいままにされた。教皇至上権に対して公会議が対抗的にその主権性を抑え込もうとしたように、君主に対しては「身分制議会」が対抗した。身分制議会は、中世封建社会においては、封建諸侯・聖職者・都市代表から成る議会であり、近代以降はフランスの三部会に見られるように、聖職者・貴族・平民の三身分から構成されるのが典型である。身分制議会は、君主の支配を各身分階層に徹底させる機能を果たすと同時に、他方で課税承認などを通じて各身分の利害を統治に反映させることで君主を拘束するものでもあった。荒っぽい整理になるが、主権の位相が君主から国民総体に移動したことにより、議会による執政統制が確立し、主権原理そのものが元首の命令による〝上からの統治〟ではなく、国民ならびに代表機関を通じた〝下からの統治〟を支えるものに変質していったわけである。

だが、このことは、同時に、神の至高性を「意思の至高性」において理解してきた主権論からの離脱も意味する。

終戦期から高度成長期にかけて日本の憲法学をリードした宮沢俊義は、主権を「政治のあり方を最終的に決定する意志」とおいた上で、次のように強調している（宮沢1967：286頁［以下同書からの引用において宮沢は「意志」を用いている］）。

「意志は、主体をもたなくてはならない。しかも、具体的な内容をもった意志の主体は、つねに、具体的な人間でなくてはならない。したがって、ここにいう主権の主体は、具体的な人間でなくてはならない。」

意思論に立つ主権論では、その担い手は「具体的な人間」である必要があるとされるのである。「国民」が主権者であるという場合ももちろん、それを分解していけば個々の具体的な人間に行き着くので、この要請を充たすかに見える。この点、宮沢は、国民主権論とは「国民」の「誰でも」が主権者であるとするものであり、その核心は「主権が国民に属するということよりは、むしろ、主権は……特定の人間に属していないということにある」と指摘している（同287頁）。つまり、国民主権論は主権を特定の具体的な人間に保持させることを否定する消極的意味においてまず理解されるべきことになり、それは典型的な主権論からの離脱を意味することになる。

さて、「個々の国民」は具体的な意思を表明できる主体であるが、それを力業で集積したとしても、「国民それ自身」が具体的な意思を表明できる人間になれるわけではない。したがって、国家を法人と擬制して、国家意思の表明を行う「法人の機関」を設定するという思考方法（「国家法人説」第1章2節参照）を応用することが考えられた。つまり、「国家」と同様、「国民」もまた抽象的なフィクションであると見立て、その意思を代表する「機関」を設けることにより初めて活動可能になるという構成である。日本国憲法の場合、国民を「代表」する「最高機関」は国会である（同法41条参照）。主権者国民の名の下で行動する個別具体的な国会議員たちの集合的決定の中に主権者の意思を認めるほかはなくなるのである。

しかしながら、代表機関を定め機関意思を調達できたとしても、宮沢風に言えば、依然として主権を担う「具体的な人間」は明らかになっていない。最終決定をしている「具体的な人間」は個々の議員の集合ではなく、特定の議員、例えば、内閣総理大臣とか与党総裁とか与党幹事長かもしれない。国民主権論はそのような特定の主権的主体を指定することはない。コアな権力者を主権から突き放すだけである。宮沢風に言えば、「主権は……特定の人間に属していない」と言い続けるだけであり、その点に意味がある（でも、最終決定を行っているコアな権力者はどこかにうごめいているのではあるが……）。

4　国民主権論はなぜ受け容れられているのか？

†国民主権がはらむいくつかの問題

このような国民主権論の戦略は、主権を特定の主体の独占から救うことによって、その恣意的行使の危険性を除去する点で意義のあるものと言えよう。しかし、それは同時に、問題もはらむ。

第1に、君主という特定の意思主体が主権者の座にいるということは、被治者はその主体と直接の意思疎通ができることを意味する。しかし、国民主権ではこれが変容する。つまり、君主主権の下にあっては、被治者である国民は主権者と交渉可能であったということになるが、国民という集団自体に主権を帰属させることになれば、被治者と主権者との意思疎通ないし対話交渉は常に国民の〝内省〟という形をとらざるをえなくなる。

第2に、主権的意思の形成・行使について、国民が果たして〝内省〟するかどうかも疑わしい。政治家はよく「国民的議論を巻き起こして……」と言うが、抽象的存在でしかない国民がいかにして熟議や内省を行うというのか。熟議や内省は常に国民というプラットフォームの一部が展開する局所的なものに過ぎない。もちろん、国民は抽象的なフィクションであるから、熟議や内省も同じくフィクションとして理解すればよく、局所的なその活性化をもってプラットフォーム全体の熟議・内省が行われたと擬制するという途もありうる。

とは言え、それなりの規模と質を伴わなければ、国民的議論を擬制するわけにはいかないだろう。果たして、そのような局所的プラットフォームはあるのか、誰がそれを担うのか。

大衆幻想を厳しく批判したアメリカのジャーナリスト、ウォルター・リップマンは、主権者は「無限の公共精神、関心や興味、努力」を期待されているが、「市民が公的な問題に割く時間はわずかであり、理屈はともかく事実は、何気ない関心と貧弱な欲望しか持っていない」と述べている（リップマン2007：18頁）。彼によれば、主権者とは「少し離れてこそひとかどの人物だが、近づけばまったくどうでもよい人である」（同10頁）。そして、こう喝破する（同15頁）。

「主権者、全権を有する市民といった広く受け入れられている理想を実体化しそうなだれかに、私は出会ったことがない。」

第3に、そうだとすれば、主権者にふさわしい国民とは誰かが問われることになる。リップマン的に言えば、主権は「ひとかどの人物」が保持すべきであり、「どうでもよい人」は排除されるべきだという話が出てくる。つまり、主権者と呼びうる「国民」は誰かという問いである。

国民主権における「国民」の概念も一様ではない。したがって、この問いは、ある種の分断、さらには内戦状態をもたらす可能性がある。それは、君主という共通の敵を失うことにより、国民の内部に敵を見出す索敵（さくてき）行為が発生するという意味においてではなく、そもそも「国民」を概念定義する作業そのものがもたらす、国民主権論固有の問題があるという意味においてである。

この点で興味深いのは、憲法学では長きにわたり展開されてきた「プープル主権論」と「ナシオン主権論」の対立である。国民主権における「国民」を、「人民（peuple）」と見るのがプープル主権論で、「国民（nation）」と見るのがナシオン主権論である。前者は、現に存在する市民を主権者とみて、全員参加の直接民主制を志向する。これに対し、後者は、抽象的な観念的統一体であるいわば〝民族〟全体が主権を持つため、全員参加など現実的に不可能なので、間接民主制を採用する。

先に触れた、憲法制定権力論の父シィエスが、それまでのプープル主権的な立場を、革命が成就するや否や、ナシオン主権論に転向したことを思い出してほしい。彼は、革命の前はあらゆる大衆の政治参加を唱道して、その怒濤の勢力を動員し革命を煽動する必要があったが、いったん革命が成立すると、今度は逆に、大衆の暴走を抑制するために、その勢力が統治に直接流れ込むことを警戒したためである。

革命によって成立した1791年フランス憲法では、「能動的市民（citoyen actif）」にのみ選挙権を付与した。能動的市民とは「受動的市民（citoyen passif）」の対立概念であり、要するに「教養と財産」のある市民のことである。対して、受動的市民は教養に欠け、納税もままならないような市民を指す。このように国民主権論においては、それについて回る「国民」の概念定義を通じて、国民内に主権者としてふさわしい者とそうでない者の分断が行われる可能性がある。

†国民主権論とはどういう企てなのか

このように見てくると、神の至高性から君主主権を経て、最終的に国民主権に至ったとしてもそうやすやすと安心できそうもない。上に見ただけでも課題山積である。「国民」という抽象的集合・観念的統一体をどう画定するか、またその意思あるいは意思主体をどう実体化するか、こういった当然の問いを突き詰めていくと次々と泥沼にはまることになる。

そうであれば、国民主権の意義は、宮沢俊義が示唆していたように、主権を「特定の人間」に属せしめない点に尽きる、と割り切るのも手であろう。確かに、国民主権は、特定の主体による主権独占を回避するという消極的な理由において、つまり《君主主権よりはマシ》という一点において、支持されているに過ぎないのかもしれない。それはそれで重大な理由ではあるが、もうひとつ別の理由もあるように思われる。それは、《国民は革命を起こすかもしれない》という期待と畏(おそ)れである。

実際に「国民」は革命を実現した。フランス革命は、バスチーユの牢獄襲撃や王族のギロチン処刑という〝実力行使としての革命〟であったと同時に、1791年憲法の制定によって国家体制を覆すという〝法的・制度的意味の革命〟でもあった。

シィエスは、「抑圧された者のエネルギー」と「抑圧する者の怒り」との間に折り合いをつけることは不可能であると述べ、抑圧する者（つまり特権階級）が国家分裂の危険をちらつかせて国民を脅してきたことに対して、「えい！ いっそのこと分裂してしまえばよい！」と挑発している（シィエス2011：126頁）。そういう怒濤の力を国民総体は秘めているのだ。

そして、シィエスが、何者にも拘束されない憲法制定権力という法的革命権を、そのような国民に与えたことは既に触れたとおりである（実際、三部会とは別に国民会議が組織され、そこが憲法制定会議となって1791年憲法が出来上がった）。

君主は処刑すれば消えてなくなる。しかし、国民はそうはいかない。確かに、代表機関において議論・交渉することは可能であるし、特定の政治指導者を問い詰めることはできる。だが、国民総体はそうはいかない。

特定の意思主体を持たないがゆえに、いったん国民総体が動き出した場合、止めることはできない。その怒濤の勢いは、アンシャン・レジームを打破して「自由・平等・博愛」の理想を実現することもできるし、喝采の政治によってナチズムとホロコーストを帰結することもできる。国民・人民・大衆・群衆の持つブレイクスルーの力は、それを方向付けるための政治的努力をしたとしても、最後はどうなるか予測できない。つまり、一種の賭けになるのである。

とは言え、歴史上、それが実際にブレイクスルーを巻き起こしてきたことも事実である。国民主権とは、国民・人民・大衆・群衆の流動がブレイクスルーを起こすかもしれないことに大いなる期待と峻厳(しゅんげん)なる畏れをいただきつつ、国運をそれに賭けてみる思想である。さまざまな問題点や課題を抱えながらも、国民主権が受け容れられている理由のひとつはそこにあると思われる。

5 アメリカの経験から

†「人民主権」と「州主権」

ここまで主にヨーロッパの議論を見てきたので、素材をアメリカに求めて主権論の諸相をながめてみたい。アメリカに視点を移すのは、私がアメリカ憲法を研究上の比較対象としているからという事情もあるが、おそらく読者はアメリカの主権論にあまりなじみがないと思われるからでもある。

確かに、アメリカ憲法学にあっては、ヨーロッパと同じような厚みで主権論が語られることは少ないように思われる。これはアメリカが比較的若い国であるということもあろうし、既に英国国教会とたもとを分かち、ヨーロッパ的磁場の届きにくい新世界で建国を図ったので、主権を用いた思想戦を通過する必要も特になかったということかもしれない。

ローマ教会や近隣諸国と軋み合うヨーロッパは、主権論を援用して近代国家を形成する必要があったのに対して、ある意味、アメリカは主権論に頼らずに実力で独立を手に入れた。アメリカにおいては、主権問題ははじめから〝国内問題〟あるいは連邦という運命共同体に属している諸州間の〝自治体調整〟の問題であったのである。

しかし、だからと言って、アメリカに主権論争がなかったわけではない。むしろ、その固有の文脈において、アメリカの主権論は豊かな歴史経験と議論蓄積を提供してくれている。一般に、アメリカ合衆国はその建国以前から、「人民主権(popular sovereignty)」がデフォルトであるように思われているが、実は、これと対抗的位相に立つ「州権(states' rights)」「州主権(state sovereignty)」というもう一方の系譜が、独立以前から厳然として存在する。アメリカ主権論の重要な基軸は、この「人民主権」と「州権(州主権)」との対立であった。

†チザム対ジョージア事件判決(1793年)

この対立を理解するにもってこいの素材が、アメリカ合衆国建国初期の主権論を正面から扱った、チザム対ジョージア事件連邦最高裁判決（Chisholm v. Georgia, 2 U.S., 2 Dall. 419, 1793）である。

事案はやや複雑である。1787年に制定されたアメリカ合衆国憲法はその第3条第2節において連邦司法権が及ぶ事項を9つ列挙していたが、その後半の方に「ある州と、他の州の市民との間の争い」が規定されていた。この憲法は諸州の壮絶な利害調整の上にでき上がったものであるが、この規定をめぐっても、制定過程で議論があった。

各州では、独立戦争のゴタゴタの中で他州民の財産を戦時没収する例が多発した。右の規定は他州民からの訴えが可能であることを前提としているので、没収財産の持ち主の提訴に道を開いてしまうとして反連邦派からの反発が巻き起こったのである。これに対して、連邦派は、州の同意がなければこの規定は発動されないから州権を脅かすものではないと説明していた。だが、反連邦派の危惧は的中し、サウス・カロライナ州民である債権者がジョージア州に対して戦時没収された債権の実現を求めて提訴してきたのである。

これに対して連邦最高裁が下したのがチザム判決であるが、そこでは、上述の憲法3条

2節がある以上、提起された争訟に合衆国司法権は問題なく及ぶと判断された。この判決には独立した多数意見は付されていないものの、各裁判官の個別意見が列挙されている。その中に実に興味深い〝主権論〟が展開されている。憲法が施行されたのが1788年であるから、チザム判決は、憲法がまだできたてのホヤホヤの頃に下されたわけである。建国初期のアメリカ主権論を知るには絶好のタイミングで事件は起き、判断が下された。

†チザム判決個別意見に見る初期アメリカの主権論

さて、どのような主権論が展開されたのか。

ブレア裁判官の意見は、「州は、合衆国憲法の採択によって、合衆国の司法権に服することに同意したのであり、その点で、主権に由来する権利（the right of sovereignty）を放棄したと言える」と述べている。これは、合衆国憲法の制定以前には、各州が州の主権を保持していたことと、その制定によって州主権は放棄ないし制約されたことを示唆するものである。

では、合衆国憲法の制定は、州主権に替えてどのような主権論に立つのか。

この点、ウィルソン裁判官は、本件の重要争点は結局、「合衆国人民はひとつの国家（a Nation）を形成しているのか」に集約されるとして、states や sovereigns の概念を再検討する。彼は、心の働きに関する哲学なるものに依拠して、イノベーションというものは新しい術語やフレーズを用いることによってはじめて可能になると述べて、statesやsovereignsといった既存の術語はそれらを抹消する必要はないが、従来とは異なった目的で解釈しなければならない、と言う。ウィルソン裁判官は、合衆国憲法の中にもし「sovereign」の形容に値するものがあるとしたら、それは「sovereign people of the United States」であると主張する。それはなぜか。彼は次のように述べる。

「人間は、畏れ多くも奇跡的に作り上げられた、万能の創造主の作品である。州（a State）は人間が創り出した有用かつ貴重な考案品であるが、人間よりは劣る作品なのである。州の重要性はすべて人間の生来的な尊厳から派生するのだ。州が劣った作品であるというのは、神の作品と比較してという意味である。人間が生み出した考案品の中では州が最も素晴らしいものであることは確かだ。……。州を人民（the People）に従属させよ。しかし、その他すべてのことは州に従属させよ。」

憲法の制定があろうがなかろうが、神の創造の秩序の問題として人民が州（国家）に優位するという発想である。人間は神が創ったものであるが、州（国家）は人間が創り出したものに過ぎないというわけである。

しかし、人間と人民は同じものではない。州が人間の創造物であるとしたら、人民という観念も人間が創り出したものに過ぎない。依然として州主権か人民主権かの問題は解かれていないと言えよう。この点、本書で見てきた憲法制定権力論とおぼしき思考方法を使って人民の優位を説くのが、初代連邦最高裁長官のジェイであった。

ジェイによれば、独立革命に先立ち既に13州の人民は結合しつつあり、独立宣言によって大英帝国の主権は州の人民ではなく、人民全体（the whole people）に移った。革命は13の主権国家を生み出したと捉える向きもあったが、人民は自らをひとつの人民（one people）と考え、諸州の連合体を形成し、そして憲法を制定したのだ。ジェイは言う。

「人民は、集合的・全土的能力において、現行憲法を制定したのである。制定に際して、人民は自らの権利、自らの固有の主権を行使し、溢れるその主権を意識しながら、尊厳をもって『我ら合衆国人民はこの憲法を制定し確立する』と宣言した。ここに我ら人民が国全体の主権者（sovereigns of the whole country）として行動したことを見ることができ、そして、主権という言葉において人民の意思に基づく憲法が制定された以上、州政府はそれに拘束され、州憲法はそれに沿うように作られなければならないのである。」

ここに主権作用の中でも憲法制定権力に基底的な位置づけを与える発想が見て取れる。ジェイは、独立戦争は各州の人民を「ひとつの人民」に導き、憲法は人民がまさに「ひとつの人民」になるために制定されたと見ており、その瞬間、州主権を超えて人民主権がアメリカにおいて確立したと言うのである。「この憲法を制定し確定する」という合衆国憲法前文に記された宣言がグッと効いてくるのだ。

かくして、チザム判決では、州主権の主張が排されて、人民主権に立つ合衆国憲法に軍配が上がった。しかし、コトはここで終わらなかった。チザム判決に怒った諸州は、同判決を覆すために憲法第3条第2節の修正を提案し、1795年に修正11条を成立させた。合衆国司法権は、ある州に対し、他州の市民や外国人によって提起された争訟には及ばないと改められたのである。チザム判決はわずか2年でその命脈を絶たれた。しかし、州主権と人民主権(正確には〝合衆国人民〟の主権)との攻防は、修正11条の成立で決着せず、以後のアメリカ憲政史の通奏低音となるのである。

†連邦法無効宣言危機

州主権と人民主権の対立は、アメリカ憲政史において時に間欠泉のように激しく噴出する。1828年から33年にかけて発生した連邦法無効宣言危機(the Nullification Crisis)がその典型であった。

1815年に第2次米西戦争が終結して、英国製品が大量に流入するようになったアメリカでは国内製造業の保護が強く求められ、一連の関税政策が実施された。また、同じころナポレオン戦争も終結し、それまで国際的に優位に立っていたアメリカの農産物価格も下落し、1819年恐慌といわれる事態に発展した。かかる経済状況は、ボストンを中心とするニューイングランドの製造業者たち(高関税推進派)と南部諸州の農業従事者たち(保護政策反対派)の利害対立を呼び起こし、それに大統領選をめぐる政治的思惑がからまって、国論を分断する大問題となった。

特に、1828年5月に成立した連邦関税法は40パーセントの保護関税を導入し、英国からの多くの工業産品を輸入していた南部に衝撃をもたらした。南部の利益を損ない、また南部諸州をコケにするかのような北部政治家たちの策謀に怒ったサウス・カロライナ州は、1832年11月に連邦法無効を宣言する法律を制定させた。

サウス・カロライナ出身の政治指導者、ジョン・C・カルフーンはこの無効宣言の理論的首謀者であった。当時、彼は副大統領職にあったので名を伏せて、1828年12月に「サウス・カロライナの弁明と抗議」と題する文書を発表し、同州の連邦法無効宣言に憲法的論拠を提供したのである（匿名はすぐにバレた）。

カルフーンは「弁明と抗議」の至るところで州の主権を強調した。彼によれば、政府（ないし統治）と主権（government and sovereignty）は区別されるべきであって、合衆国憲法は主権を有する諸州の契約（the constitutional compact）に過ぎず、主権を有するのは連邦政府ではなく、それを創り出した州の人民である。連邦政府は憲法によって生まれた被造物（the creature）に過ぎない。憲法の最高法規性を守るための拒否判断権を州が留保するのは主権の重要な属性に由来する（Calhoun 1992: pp. 343-349）。

連邦政府は当然のことながらこれを認めなかった。サウス・カロライナの無効宣言を鎮圧するために連邦軍の派遣も可能にする法案が上程されたが、１８３３年2月15日・16日の両日、これをめぐって連邦議会ではカルフーンと、ユニオン（当時の合衆国総体の呼称）の一体性を信奉する上院議員ダニエル・ウェブスターとの歴史的な激論が展開された。カルフーンは前述の主張を繰り返したが、対してウェブスターは次のように反論した（Calhoun & Webster 1833: pp. 57-58）。

・憲法は、諸州間の契約ではなく、人民によって設立された政府と人民諸個人との間の直接的関係に基づくものである。

・州は、革命をもってするほか、この関係を解体するいかなる権限も持たない。
・憲法は、最高法規（supreme law）であって、その最終的解釈権は連邦議会、またある一定の争訟については連邦最高裁にある。州にあるのではない。

かかる論争を経て、連邦政府は段階的に税率を下げる措置を採ることによって無効宣言危機を乗り越えた。南部の敗北のようにも見えるが、しかし、州主権を利用すれば連邦政府と駆け引きできることを南部は学んだのである。分裂は完全に回避されたわけではない。むしろ逆であった。

†奴隷州、自由州、人民主権

当時の大統領であったアンドリュー・ジャクソンは、連邦法無効宣言危機の余波の彼方にアメリカ分裂を見ていたと言われる（モリソン1997：488頁）。南部は必ずや奴隷制問題を口実に連邦からの離脱を求めるであろうと。

アメリカ合衆国は奴隷制を伴ってスタートした。その問題性については意識されていたものの、敢えてそれには触れない姿勢をアメリカは取り続けてきたが、反奴隷制を訴える声は19世紀に入り、無視できないほど高まっていた。1800年代を通じてアメリカは領土拡張のために買収や戦争を繰り広げ、半ば帝国主義的とも言える西漸(せいぜん)運動を展開したが、その過程で、新たに加入する州を奴隷州にするか自由州にするかが大問題になった。

1820年、ミズーリの連邦加入の際、同州を奴隷州として認めるが、他方で、同州の南境である北緯36度30分以北では以後奴隷州を認めないとの妥協が成立した（いわゆるミズーリ協定）。その後、奴隷州・自由州の数が均衡するように新州加入が工夫されたが、奴隷州が追い込まれることを危惧する南部諸州では不満が渦巻き、ミズーリ協定そのものを違憲だとする声も聴かれた（実際に、同協定は1857年のDred Scott v. Sandford事件判決で連邦最高裁によって違憲とされた。最高裁には南部の奴隷主が多かったのである）。

カンザスとネブラスカを准州として加入させることが問題になった際、ミズーリ協定に従えば境界線以北の両州は自由州になるはずであった。法案を取り仕切ったスティーヴン・ダグラス上院議員は自由州イリノイ選出の北部民主党員であったが、大統領選に出る野心もあって奴隷州の増加をもくろむ南部民主党の意向をくんで、持論である人民主権論を同法案に応用し、奴隷制導入の可否は、カンザスおよびネブラスカの州民が決定するのが妥当であるとしたのである（「カンザス・ネブラスカ法」1854年）。

かくして、ミズーリ協定は有名無実化し、境界以北で奴隷州が生まれる可能性が出てきたのである。ダグラスは、人民主権の発想を州主権の枠組に置きなおすことによって、奴隷制導入を人民の意思にかからしめ、北部と南部の妥協を図ったつもりであったのだろう。しかし、ネブラスカには奴隷制賛成派と反対派が流れ込み、対立は暴力に発展し、血で血を洗う報復の連鎖が巻き起こったのである（「流血のカンザス（bleeding Kansas）」）。

†南北戦争の遺産——「失われた大義」

これを前哨戦として、1860年、サウス・カロライナが単独で連邦から離脱したのを皮切りに、次々に南部諸州が続き、翌61年にはアメリカ連合国（南部連合）が立ち上がった。こうして、アメリカは南北戦争に突入して行った。その詳細はここでは割愛するが、いずれにしても、北軍の勝利に終わり、奴隷解放を成文化する憲法修正がなされ、アメリカはいわゆる再建期に移っていくことになる。敗者たる南部民主党は政治的批判や侮蔑の対象となった。追い詰められた元南部連合軍人たちの中には反発の感情が生まれ、徐々に今般の戦争を正当化ないし美化する精神が醸成されていくこととなった。いわゆる「失われた大義（the Lost Cause）」の台頭である。

「失われた大義」とは、大要、次のような主張である（Gallagher & Nolan 2000: pp. 14–19）。まず、南北戦争の真の原因は奴隷制廃止ではなかった。それは工業地帯・北部による農業地帯・南部への「侵略」であり、南部連合は州権（州主権）を護持するために戦ったのであって、奴隷制を温存するために戦ったのではない。そもそも南部は自らの判断で早晩奴隷制を廃止したであろう。そもそも、奴隷制は悪いものではなかった。「一様に優しく寛大な主人（uniformly kind and indulgent masters）」の下、奴隷たちは「穏やかで満ち足りた労働者（peaceful and contented laborers）」であったのである。さらに、北部人はアングロ・サクソンの末裔（まつえい）を自認しているが、他方で、南部人は彼らを征服したノルマンの騎士の子孫であって、両者には避けがたい文化的民族的差異がある、云々……。

建国以来、連邦の危機が叫ばれるたびに、さまざまな形で〝主権論〟が政治的諸力を動かすために動員された。〝主権〟が動き出す時、あるいは動いた後には、〝物語〟や〝神話〟が生み出される。上記の「失われた大義」は南部の屈折した感情を慰撫し、再起を鼓舞する物語であり神話である。およそにわかには受け容れがたいが、物語や神話のおそろしいところはそれが「大義」に成長し、やがて「真実」として浸透してしまう点である（今こうして「失われた大義」を喜劇的に描き出している瞬間も、当事者たちの頑迷な信仰の前には意味をなさないだろうという気持ちになる）。

そもそも、アメリカの西漸運動も主権の帝国主義的拡張であったわけで、その際、それを正当化する「明白な天命（manifest destiny）」が広く唱道されたが、これ自体がピューリタンの伝統や新世界上陸以来の「丘の上の町」の発想など宗教に淵源（えんげん）を持つ、アメリカ例外主義のもたらした物語・神話と言えるだろう。

「失われた大義」も敗北者南部の妄想として片づけることができないリアリティを獲得していく。勝者である北部においても、奴隷解放の大義名分は実は戦略的成り行きから採択された面があり、しかも黒人に対する差別意識は南部に優るとも劣らないと言われることすらある。「失われた大義」のハレーションがじわじわと効いてくる。

勝者と敗者が時を経て、戦争終結50周年を祝う20世紀初頭に入ると、両者の間の奇妙な和解と相互理解が生まれ、1915年に爆発的にヒットした映画『国民の創生』(D・W・グリフィス監督)は黒人を悪漢、KKKを英雄として描き出す差別的な内容にあふれるものであった(南北戦争についての修正主義的動きの詳細は、貴堂2019:199―212頁)。こうして、南北戦争の記憶から「奴隷解放」という要素が脱色されていった。その後、公民権運動による押し返しを受けるまで壮絶な黒人差別が繰り広げられていくのである。

その過程で、南部の「失われた大義」は、南部連合の偉人の神格化や南軍旗の普及などを通じて生き残った。南軍旗は、2015年にチャールストンで発生したアフリカ系教会での銃乱射事件の犯人が愛用していたアイコンであり、また、2021年に連邦議会議事堂に乱入したトランプ支持者が掲げていた旗印でもある。

主権発動の記憶とそれを神話化する物語の生命力は執拗かつ厄介だ。

6 主権と主権者

†主権者の神格化

主権は、主権者の言葉（ロゴス）の問題ではなく、主権者の意思のそれであるという考え方は既にいくつかのところで述べた。神の至高性＝主権が、神の御言葉にとどまらず、その意思を要求するのであれば、神の代人（あるいは神自身）は特定の主体として受肉化されなければならない。そのような思想の流れが行き着いたのは、神の代人を任ずる（あるいは神自身を僭称（せんしょう）する）君主をいただき、その意思の恣意性を統治の基礎に据える絶対君主制であった。至高の主体は神格化されるのがお定まりのスジである。

†天皇機関説事件

このような事態は、主権論に内在する問題であり、我が国も例外ではない。いわゆる天皇機関説事件が直ちに思い起こされるだろう。

明治憲法学を背負って立つ美濃部達吉・東京帝国大学教授は、国家のあり方についていわゆる国家法人説を日本に持ち込んだ人物である。国家法人説とは、第1章2節で触れたように、国家を政治的な実在として素朴に信ずるのではなく、法的にそれを構成するためには、国家に「法人格」を付与しなければならないとする学説である。国家を法人としてとらえてはじめて法的作用である権限や権利を国家に結びつけることが可能になる。国家を法人と見る以上、法的概念としての主権は、特定の誰かではなく、当然、法的なヒトである「国家」に帰属することになる（国家主権）。もちろん、国家の意思を形成・表明するためには法人の機関が必要であり、諸機関の中でも最終・最高の意思を表明する最高機関を設定することが求められる。明治憲法においては天皇がその最高機関に該当することになる。

天皇を国家の「機関」と位置付ける、この考え方が軍部や右派政治家の反発を招いた。天壌無窮（てんじょうむきゅう）（天地とともに永遠不滅ということ）の天皇陛下が「国家の主体」ではなく「国家の機関」とは何事か、天皇大権こそ至上であって、国家に主権が帰属するというのはそれを侵すものである、というわけである。美濃部の学説においても、天皇は日本国家の最高機関であり、統治についての最終・最高の決定権をあずかる立場にあることには変わりはない。しかし、主権の根源的帰属は法人たる国家にあるのであって、美濃部においては、最高機関たる天皇を超えるなんらかの法理論的次元が想定されていたことは確かであろう。とは言え、美濃部には天皇の権威を貶める意図があったわけではなく、むしろ天皇と天皇大権を近代国家の法的枠組の中にきちんと位置付け、立憲君主制国家としての日本をしっかりと立ち上げたい、という考えに立つものであったと思われる。

天皇機関説をめぐる議論は20世紀に入って間もないころ既に始まっていたが、満州事変から日中戦争に至る時代風潮の暗転もあり、徐々に過熱・狂乱化し、美濃部学説の真意などまったくお構いなしに、ついに1935年に貴族院の勅撰議員でもあった美濃部は議員辞職に追い込まれ、彼の著作は発禁処分を受けることになった。その後、勢いにのった軍部が、天皇大権の至高性を利用して、戦争への坂道を転がり落ちて行った経緯は周知のとおりである。

明治憲法第3条は天皇を「神聖ニシテ侵スヘカラス」と定めており、当初から主権を担う特定の主体を神格化していた。が、機関説の下で展開された国家と主権の所在をめぐる論争がこれに拍車をかけた。アンチ機関説派は、天皇神聖視を、建前や美称としてではなく、現実化させようとしたのである。

注意してほしいのは、主権が主題化されるとやはり神話や物語の共有が強迫観念的に強いられるということである。当時の岡田啓介内閣は、国体をはっきり示し機関説を排撃せよとの圧力に屈し、1935年に二度にわたる「国体明徴声明」を出した。そこには、「天孫降臨」、「萬世一系」、「萬邦無比なる我が国体の本義」という神話や物語が宣言され、それを共有することが当然視された。1937年、文部省は『国体の本義』を発行したが、その中には、世にも珍しい「現人神」の観念が登場している。

†ヤングスタウン鉄鋼所接収事件アメリカ最高裁判決（1952年）

至高の主体の神格化は、君主制と決別した現代国家でも起きうる。アメリカにその一歩手前まで行った例がある。朝鮮戦争末期にオハイオ州ヤングスタウンで発生した事件がそれにあたる。

1951年7月、朝鮮戦争の停戦をめぐる交渉は難航を極めていた。韓国側についた国連軍の主体であるアメリカ合衆国は、ここで手を緩めてはいけないと戦力水準の維持を図りつつ、緊張した対応を迫られていた。

当時、ヤングスタウンはアメリカ有数の鉄鋼生産の拠点であり、同時に、大規模労働争議の発信源でもあった。停戦交渉が長引く中、翌52年4月には全国規模の鉄鋼労組のストライキが予定されており、鉄鋼生産の停止は戦力維持に重大な支障をもたらすと判断したトルーマン大統領は、スト決行の数時間前に、同地域最大の鉄鋼所を接収する大統領命令を制定した。同時に、接収は必ずしも望ましいものではないので、有効な立法措置を講ずるのであれば協力を惜しまない旨のメッセージを連邦議会に対して数度にわたって発出した。これに対して連邦議会は何らのアクションも起こさなかった。

鉄鋼所経営陣は、大統領命令は法律にも憲法にも基づくものではないとして提訴し、事件は連邦最高裁に係属、52年6月に判決が下された（Youngstown Sheet & Tube Co. v. Sawyer, 343 U.S. 579, 1952. 通称 Steal Seizure Case）。最高裁は、大統領命令は法律に基づいて制定されるか、憲法の直接執行としてなされるかしなければならないと述べて、大統領による接収を差し止めた原判決を維持した（本判決と以下の補足意見の詳細な分析については、駒村2013参照）。

本判決には多くの少数意見が付された。中でもロバート・ジャクソン判事による補足意見は憲法のケースブックで必ずと言っていいほど引用される著名意見である。頻繁に引用される箇所とは次の部分である。

大統領の権限については以下の三つの場合分けが可能である。

①議会が大統領に明示的あるいは黙示的な権限付与をする場合、大統領の権限は最大化される。

②議会による権限の付与あるいは付与の拒絶がいずれもなされていない場合、大統領は

固有の権限に基づいて行動するか、議会との競合領域に属する権限作用を緊急事態に限って活用するしかない。

③大統領が議会の明示的あるいは黙示的意思に反して行動する場合、大統領は固有の憲法上の権限のみを行使できる。

ジャクソンは、本件のような接収権限を付与する法律は存在しないとしてケース①を否定し、また、本件のような事態に対処する法律を議会は少なくとも3つ用意していたが、そのうちのいずれも大統領は用いなかったとして、ケース②も否定し、本件はケース③にあたると認定した。そうなると大統領は憲法上の固有の権限に基づいて命令を出す必要がある。しかし、大統領の専権である軍総司令官権限は、民間の鉄鋼所に対しては行使できないとして、本件接収は正当化されないと結論したのであった。

†主権が人格化するとき——ジャクソン補足意見の主権論

アメリカの教科書では、右に引いた権力配分の3類型のところばかりが注目されているのだが、しかし、主権論として重要なのはジャクソン補足意見の次のような部分である。ジャクソンはケース①が大統領権限を最大化させると述べている。なぜなら、大統領は自らが保有するものに加えて連邦議会が付与したものを丸ごと手に入れることができるからだ。これに続けて次のように彼は強調する。

「かかる状況においてのみ、……大統領は連邦主権を人格化する（to personify the federal sovereignty）に至ると言いうるのである。かかる状況下で大統領の行動が違憲とされるのであれば、それは、連邦政府が不可分の総体として（as an undivided whole）無力であることを意味する。」

大統領と議会が一体化するとき、連邦の「主権」が大統領という一個の人間に「人格化」するとジャクソンは言うのである。抽象的な原理・理念としての主権がはっきりと一個の人格に集約される瞬間を彼は描写し、そのような大統領の権限行使が憲法上許されるのは、政府が「不可分の総体」として機能するためだ、とする。

また、ジャクソンが補足意見で参照したMackenzie v. Hare事件判決（239 U.S. 299, 1915.）からは次の部分を引用している。

「合衆国は、ひとつの政府として（as a government）、主権の属性のすべてを付与されている。合衆国は国家性という性質を有するが故に、国家性に由来する権限を持つのであり、とりわけ他の国との関係や交渉に関わる国家の権限である場合はなおさらである。かかる権限を制限することや阻害することは厳に慎むべきである。」

ここでも、合衆国が「ひとつの政府」（＝「不可分の総体」）となる局面が強調されている。「主権の属性のすべて」が集約された「ひとつの政府」は、「国家性という性質（the character of nationality）」を帯び、それ故に、「国家性に由来する権限（the powers of nationality）」を有するようになると言う。つまり、要約すれば、「ひとつの政府」は「主権の属性のすべて」を帰せられることによって、「国家性」を帯びることになり、憲法上の権限とは区別される「国家性に由来する権限」を行使できるのだ、ということである。「ひとつの政府」「不可分の総体」を強調するのは、「分裂政府（divided government）」の要請を退けるためである。分裂というと何やら物騒な響きがあるが、そうではない。これは権力の分立がきちんと維持された政府を指すアメリカ的な呼称であって、むしろ立憲主義的には好ましい状態である。

しかし、緊急事態においては、権力〝分立〟という言葉のマイナスイメージが増幅され、まさに「分裂」という表現によってその問題性が強調される。そして、統合と集中が叫ばれるようになる。ジャクソンはそのような意味での立憲体制が停止される事態があると言っているのだ。

†主権的人格への帰依か、最後の理性か

原理・理念の人格化のプロセスは、「ロゴスとしての神」が「意思としての神」に変わるとき、意思主体が神格化（人格神化）していく過程と似ている（「国家という人格を実体化する（hypostatize）こと」に対する批判的考察として、嘉戸2019：88─89頁）。

アメリカの主権論は、既に見たように、州主権と人民主権（合衆国人民としてのそれ）の軋み合いとして展開してきた。ヤングスタウン鉄鋼所事件判決のジャクソン補足意見は、州か合衆国人民かという主権の置き場所の議論とは次元を異にし、《主権がどのように主権者として立ち現れるか》を論じたものである。

興味深いのは、普段は「分裂政府」がデフォルトであるが、「ひとつの政府」にならなければならないような事態が発生した局面では、主権が合衆国という国家に集約され、かつ、大統領という個人に主権が人格化するというアプローチをとっている点である。その意味では、主権・主権者が常駐するというアプローチではなく、緊急事態（Youngstown事件判決）と外交（Mackenzie事件判決）のように「ひとつの政府」が求められる局面において主権的人格が立ち現れるという、アドホックなものになっている。

このように主権的モーメントが限定されるとしても、神と同じように主権的人格が神格化され、陶酔的な帰依が奉じられる危険性をジャクソンは見抜いていた。彼は、緊急事態における憲法の維持について裁判所が果たす役割を重視しつつも、それには限界があることを認めた上で次のように述べている。

「大統領に挑戦をいどむ危機は、同様に、あるいはおそらく第一義的に、連邦議会に対する挑戦である。決して良きルールとは言えないが、ナポレオンの作とされる〝道具はそれを用いる者に帰属する〟という俗世の知恵がある。危機に対処する立法をなす権限は議会の手中にあるが、しかし、それが指の間から漏れ出ないようにするのは議会自身である、と言えよう。」

緊急事態において、権力はそれを用いる者がその持ち主となる。あっさりとそれを認めていいのか。主権を人格化しつつある大統領に、それを神格化して陶酔的な帰依を捧げようとするその一歩手前で、理性を発揮するのは議会である。

ジャクソンは本件で議会が沈黙を保ったことを不満に思っているのだろう。しっかりとした意思を議会が示さないと、ナポレオンの言う事態に陥る。かつて教皇至上主義に対して公会議主義で対抗した歴史を想起させる主張である。国民的狂騒が止められなくなる前に、議会が最後の理性を発揮せよ、これがジャクソンの憲法思想である。《目の前にいるこの人物は熱狂するに足りる人物なのか？》これは危機において最もリスキーな問いである。彼はそれに即断する前に冷静に理性をはたらかせることを求めていた。

†主権者は誰でもいい？――尾高＝宮沢論争

主権と主権者についての興味深い論争が、新憲法制定直後に戦わされている。いわゆる尾高＝宮沢論争である。

1945年8月、ポツダム宣言の受諾によって、日本は天皇主権の大日本帝国から国民主権の日本国に〝革命的〟な変質を遂げた。この劇的な変化は、戦後、「八月革命」と呼ばれることになる。この〝革命〟の力によって、旧体制たる大日本帝国憲法（明治憲法）はその根幹を否定され、新しく日本国憲法が〝制定〟された。しかし、新憲法の〝制定〟は、手続的には大日本帝国憲法の〝改正〟として行われた。新旧両体制は実体的には根本的に断絶しているのに対して手続的には連続している、という法理論的には奇妙な立場に新憲法は置かれることとなったのである。

これに対して、天皇主権から国民主権への転換はさして革命的な意味を持たないと主張した東京大学の法哲学教授・尾高朝雄と、当該転換に決定的な意味を見出す同大の憲法学教授・宮沢俊義との間で激烈な論争が展開された（詳細は、尾高2019、宮沢1967：281―355頁）。

尾高は主権者の意思の万能性を一貫して警戒する。「自分の意志による拘束以外の何らの拘束も知らないものであってよいのであろうか」、主権の存する国民が自分でせっかく作った憲法を「国民の意志ならば、……明日は気に入らないからといって、わがままな子供のようにこれを実力で破り棄ててよいものであろうか」と（尾高2019：51―55頁）。

こういう破壊的な意味を持つ主権概念ではあるが、尾高はそれでも一定の意味を持つと評価する。つまり、君主主権は近世において国民国家の中央集権化を促し、国民主権は近代国家の内部組織の民主化を推し進めたと。しかし、彼は、かかる破壊者＝創造者としての主権概念はその歴史的役割を終えたと断ずるのである（同55―58頁）。

尾高は、主権をどう構想するかは「法と力との関係をどう見るか」の問題に帰着すると し、人は「正しいということを単に強いということとは違う」と考えている以上、〝might is right（力は正義なり）〟を地で行き「力が法の支配者である」と割り切ることはできないと言う。こうして、尾高は、主権は、その主体を君主と見るか国民と見るかで変化するものであってはならないとし、かかる視点から「ノモス（nomos）」に所在すると主張するのである（同61―63頁）。

ノモスとは「法」「法の根本原則」であり、「ノモスこそ王の上にある王であり、神々に対してすら王として君臨する」と喝破する（同63頁）。主権を「力」（あるいは「意思」）の問題として捉えることを拒否する尾高は、それを「権威」の問題とおいて、最高の権威としての主権はノモスにこそあると言うのである。

そして、明治憲法ではノモス主権は天皇の統治として具体化され、新憲法では国民の自己統治として構成されることとなった。しかし、ノモスに主権がある点では一貫しており、力ないし意思の所在が天皇から国民に移ったとしても最高の権威は依然として変更されていないと説き、宮沢が新憲法制定に見出す〝革命性〟を否定するのである（同190頁）。

†主権抹殺論？

仮にノモスに主権があるとして、ノモスの中身は何か？　それを「法」とか「法の根本原則」と翻訳するだけでは意味はない。《法を創り出す者こそ主権者なのだ》という構成を否定し、法の優位を説く以上、誰かの具体的な意思に頼らずともノモス＝法なるものが内実を持った規範として先行的に存在している必要がある。

尾高は、この問いに答えて、「すべての人間の『平等の福祉』」（「すべての人間がひとしく人間らしい生活を営み得るような社会状態」の実現）をノモスとおく（同70頁）。これはアリストテレス以来の平等主義的正義論と軌を一にするものである。尾高の議論をレジュメすれば、君主主権とか国民主権の名の下に展開された《力（ないし意思）としての主権論》はその時代的役目を終え、私たちは福祉の平等という普遍的正義の下に統治を行う歴史段階に入った、新憲法はそのような時代の産物である、ということになろう。

これに対して宮沢は反論する。「ノモスが主権をもつ。よろしい。ところで、そのノモスの具体的な内容を最終的にきめるものは誰か」と（宮沢1967：303頁）。宮沢にとっては、主権を論ずる以上、主権の主体が誰であるかをあいまいにすることはできず、それこそが直視すべき論点なのであって、それを遠ざける尾高は、天皇から国民への主権移動の持つ革命的意味を相対化ないしは隠蔽しようとするものに映るのである。

これに対して、尾高は次のように応ずる。ノモスは、君主であろうが国民であろうが、それらを超えた理念であるから、ある主体によって具体的な内容を与えられることはあっても、それはノモスの原理に適合するものでなければならない。つまり、「君主にせよ、国民にせよ、……、具体的なノモスの内容を、『最終的』に決定する立場にあるとはいい得ない」のである（尾高2019：203頁）。そして、主権は統治のあり方を最終的に決定する力であるという定義を宮沢を含め憲法学者は採用してきたが、そこに言う最終的な決定権にこだわるのであれば、自分のノモス主権論は、「君主とか国民とかいうような現実の人間の主権——その意志力の最高性——を否定することにな」り、「私の主張を改めて——余計なつつみかくしをしないで——直截にいうならば、それは、主権否定論であり、主権抹殺論である」と尾高は開き直るのである(同204—207頁)。

確かに、新憲法は「主権」の語を用いているが、それは力としてのそれではなく、ノモスに従った統治をすべき「責任」を国民や国家機関に課すことを意味する(同230頁)。尾高はこう述べて主権概念の権力的契機についても換骨奪胎するのである。

†ノモス主権論の含意

尾高の言うノモスとその内実に賛成するか否かは措くとして、とにもかくにも彼は主権あるいは主権者を超越する規範的次元を構想していた。それは、彼が、一貫して、主権者の「意思」(尾高は「意志」を用いるが)の万能性・最終性を警戒したからである。このような危うい万能性の思考は、既に明らかであると思うが、中世から近代にかけてのヨーロッパ神学および主権論に連綿として受け継がれてきた思想の系譜と同型のものである。神の至高性は、神の言葉=ロゴスの至高性からはじまって、やがてそれが意思の至高性に変調するとともに、意思を発する特定の主体を必要とするに至る。意思は力を伴い、やがて主権は万能化・絶対化し、意思の恣意性が問題となった、あの系譜である。

尾高は、意思＝力の主権論は時代的役割を終えたと宣告する。君主主権は近世において国家の集権化を果たし、国民主権は近代国家の民主化を促進した。力の時代はそこまでである。新憲法において主権は、力ではなく、ノモスの最高権威として位置付けられることになる。第1章での考察に従えば、至高性＝主権は、ロゴスとして出発し、その後、意思としてのそれとなり、力の構造を駆動してきたが、ここに再びロゴスに帰っていくということになろう。日本国憲法の「主権」は〝力〟の最高形態を言うのではなく、国民と各国家機関にノモスを実現すべく、統治上の〝責任〟を負荷する原理となったのである（権力原理から責任原理へ）。

尾高のノモス主権論の総合的評価は別として、西洋史に一貫して存在してきた主権懐疑論の思想水脈に照らしてみても、彼の主権相対化論は傾聴に値すると思う。主権論が決定の最高性・最終性にあくまでこだわるのであれば、尾高が開き直ったように、主権論は否定ないし抹殺されるべきものかもしれない。あるいは、最高法が支配する通常統治を地道に運営し、アメリカの経験が示唆するように、外交や緊急事態の局面で「ひとつの政府」を起動しなければならない場合にきっちり限定した上で、主権を人格化させるという途もある。

とは言え、宮沢が指摘していたように、尾高には主権者交替という歴史的大転換の革命的意義をどこかであいまい化し、矮小化しようとする底意が見えるのも確かである。「福祉の平等」をノモスの内実とおき、古来からの正義理念に訴えて、いかにも普遍的地平に立つように見せかけつつ、以下に見るように、尾高は、明治憲法下で育まれてきた日本独自の「国体」の観念をどうにか新憲法にも持ち込みたいと考えているように思われる。

尾高は、明治体制において天皇が主権者として権力をほしいままに行使して日本の転落を招いたという見方に抵抗し、天皇は主権者ではなく、「理念」の具現者であったと強弁する。

まず、尾高は、国民にはこの国が永遠に続いてほしいと願う、ある種〝永遠の命〟にも似た考え方があるとする。「地上現実にはあり得べからざる永遠性への思慕・憧憬」が、日本の場合、「『万世一系の天皇』に対する尊崇となつて現れていた」とする（尾高２０１９：１３８頁）。

それだけではない。次に尾高は、天皇の統治（彼は天皇の主権とは絶対に言わない）は「常に正しい」と国民は観念していたと言う。現実の権力者がどのような悪政をしようと、天皇の統治は常に正しいという「理念」を抱き続けた（同129—130頁）。かかる「政治の理念を、具象的な主体と結びつけて表現したもの」が「天皇の統治」であり、かかる日本国民の正しさへの志向性こそが「『ノモスの主権』の民族的な把握の仕方」なのであると言う（同142頁）。

このように捉えれば、天皇統治と国民主権は一見すると相反するように思われるが、理念のレベルでは一致しているのであって、新憲法においても象徴天皇と国民主権の調和的な運用が望まれると言うのである（同154頁）。

尾高は、万世一系や天壌無窮という神話を、ノモス主権論を使ってうまく脱色しながら、あたかも普遍的理念であるかのように装いつつ、新憲法に移入しようとした。おそらく、かつて国体論として語られてきたこれらの神話を、主権者の交替という革命的変革の大波が根こそぎ消し去ってしまわないように、尾高なりの窮余の一策がノモス主権論であったのではないか。しかし、どうみても、脱色しようにも仕切れない国体論の残滓が混ざったままの移入である。やはり、彼がやろうとしたことは、国体論の密輸入と言わなければならない。ここにも、主権が動くとき、神話や物語が生まれる、あるいは復活する、という現象が見て取れるだろう。

なお、新憲法においても、天皇がある種の〝意味の光源〟として存在しているという尾高の議論は、それとして興味深いがここでは立ち入らない（天皇をある種の「意味権力」として見ることについては、駒村2018：32─39頁参照）。

7 本章のまとめ

†国民主権は解決にならない

主権は、ひとつの理念でありタテマエにほかならない。尾高はまさにそれを主張しており、論敵である宮沢でさえもそれを認める（宮沢1967：285─286頁）。リップマンも主権をフィクションであると突き放していた（リップマン2007：10頁）。主権は、国家や法という擬制的秩序を組み立てるための理論装置である。

しかし、宮沢は主権が「政治のあり方を最終的に決定する意志である」点にこだわる（宮沢1967：286頁）。このような意思の最高性・至高性が、意思の絶対性・万能性・無謬性・無答責性、そして恣意性に結びついてきたことは既に随所で述べてきたところである。宮沢は「意志は、主体をもたなくてはならない」とし、それは「具体的な人間でなくてはならない」と強く主張した（同頁）。主権を託された具体的な人間には、歴史が示すように、主権の属性、つまり絶対性や恣意性がそのまま憑依(ひょうい)し、主権的人格の神格化がもたらされる。

主権者は誰か？　この問いに対して宮沢は新憲法において、それは国民であると答えた。しかし、これは問いに対する答えになっていない。むしろ、彼が批判する尾高のノモス主権論同様、問いをごまかし、その問題性を隠蔽するものかもしれない。国民は果たして主権を担う「具体的な人間」なのだろうか。個々の国民は意思の主体であり、具体的人間である。そのような個々の国民が主権者であるとして、その意思の集約された総体は果たして「具体的な人間」の意思と言えるのだろうか。個々の国民の意思と、主権者・国民の意思との間に存在する絶望的に深い溝を「代表」とか「多数決」というマジックワードが埋めてきたのではなかったか。代表という概念のイデオロギー性を痛烈に批判してきたのは、他ならない宮沢本人であった。

君主制や独裁制の弊害は指摘するまでもないが、主権を特定の人間に帰することは、権力の発信源を明らかにすると同時に、統治の責任を特定の人間に帰責することも可能にする。しかし、国民主権にあっては、権力の発信源も帰責点もあいまいになり、あるいは隠蔽される。にもかかわらず、理論装置としての主権論がその意思の最高性＝至高性を鼓吹し続けた場合、民意の混沌はこれにどう応ずるのであろうか。

「国民のみなさまが主権者です！」という掛け声にのってまどろみから目覚め、最高意思の自覚と責任において統治のあり方を刷新するのか、それとも絶対性・万能性・無謬性・無答責性・恣意性をいいことに、面白半分のちゃぶ台返しをするのか、はたまた絶対性・万能性等にピンと来ず、国民は主権者を〝他者化〟する自己疎外に陥り、周囲の流動にただ身を任せるのか。中世において神の意思の恣意性に裏切られ続けた信仰者が神を〝他者化〟し、摂理に無関心となり《もうどうでもいいや》と開き直ったように。

†では、どうするか

それでも国民主権にこだわるのは、制御することができない大衆が巻き起こす〝衆愚の力〟への期待があるからである。尾高が意思＝力としての主権に近代国家形成の馬力を認め、シィエスが革命の原動力を国民に期待したように。しかし、これは普段から相当の自覚を持つように訓練しないと、国運を賭けた一発勝負になりかねない。歴史のブレイクスルーへの期待と恐怖が国民主権論には張り付いている。

では、どうするか。〝衆愚〟のブレイクスルーに賭ける前に、いくつかやっておくべきことがある。

まずは、主権概念を相対化しておくことである。主権の属性がもたらす絶対性・万能性・無謬性・無答責性・恣意性を避けるために、最高・最終の決定権という要素を主権論から除外するべきであろう。そもそも、統治についての最終・最高の決断などというものが必要なのか。国家統治の永続性を前提にすれば最高・最終の決断など不可能であり、むしろ未完の決定の連続体がうまく運ぶように、各国家機関に統治権限を配分し、それをまとめる〝最高〟機関をひとつ決めておけば済むのではないか。

次に、尾高が想定していたように、そして中世以来の自然法の系譜がそうしていたように、主権を超越する審級を設定すべきである。主権が重大な決定をあずかるとしても、なんでもできるわけではないという限界論をきちんと立てておく必要がある。

そして、以上のような観点に立って、主権者を日ごろから宥(なだ)めすかし飼い慣らしておくと同時に、その出番をできる限り少なくしておくべきであろう。この点、ヤングスタウン事件判決が示唆していたように、外交決定や緊急事態など、「ひとつの政府」を立ち上げざるをえない限定された局面で、主権的人格を組み立て、終わったら分解する、というアプローチがあることが参考になる。そのようなアプローチをとるにしても、やはりそれはそれで賭けになる。主権が重い腰を上げて動き出すときは、期待と恐怖、希望と絶望が交錯し、法的世界の存続そのものを天命にあずけるほかない瞬間が到来することを覚悟しなければならない。

これも先にたびたび触れてきたところであるが、主権が動くときは、神話や物語が生まれたり、よみがえったりする。それは物語の創造や復活であるかもしれないし、捏造や否定であるかもしれない。州主権論を戦争までして維持しようとしたアメリカ南部で「失われた大義」という神話が生まれ、今なお跋扈しているように、また、尾高が主権者交替という革命的事態において、国体思想の一部を新憲法に持ち込もうとしたように。ブレグジットも、スコットランドの独立論やアイルランド問題を再燃させたように。我が国でも9条の改正が提案されるたびに、過去の歴史が内外から持ち出され、それに呼応するようにナショナリスティクな神話も頭をもたげる。

神話や物語のおそろしいところは、理性による討議の対象にならないという点である。神話や物語は、受け容れるか否かの二択しかない。9条改憲についても、その必要性や合理性についての筋道立った議論ではなく、理性とは違う次元での空中戦、すなわちナショナリスティクな物語を共有するか否かという議論にそれが取って代わる可能性がある。うるさい外国に対する反発や国家のメンツの維持のようなものだけで改憲を議論してはならない。

そう考えると、カズオ・イシグロの『忘れられた巨人』（2015年）は主権のメタファーと言えるかもしれない。遠い昔、過去の忌まわしい記憶を雌竜クエリグともども岩棚に閉じ込め、歴史が封印された。記憶をよみがえらせるために老騎士はクエリグを殺すが、雌竜の封印が解けることにより、よみがえったのは美しい記憶だけではなかった。忌まわしい殺戮の記憶もよみがえり、同時に夫婦の間の美しい思い出も消え、平和な時代は過ぎ去り殺し合いが始まり、仲睦まじき者たちは離別するのである。

クエリグは主権であり、それが凍結されているうちは、その背後に控えている「忘れられた巨人」すなわち禍々しい神話や物語もおとなしくしているが、クエリグがいなくなれば一挙に息を吹き返す。クエリグは「忘れられた巨人」を封印する魔力を持っていた。

このメタファーが意味していることは、主権がその気になれば過去の記憶を総動員できるし、また、主権を抹殺しても、抹殺した瞬間、過去の記憶が噴出するということである。主権こそが神話や物語の全面展開を抑え込んでいるのかもしれない。だとすれば、そのまま寝かせておくのが身のためではないか。過去を解きほぐし、融和と発展に道筋をつけるための努力をする、その時間をかせぐためにも……。

いずれにせよ、主権は《取り扱い注意》なのである。

第 3 章

民主主義

2021年1月6日米国連邦議会議事堂襲撃事件(photo=ゲッティ=共同)

第2章の4節と7節において、本書の暫定的なまとめとして、次のように記しておいた。
国民・人民・大衆・群衆の持つ怒濤の力は、それを方向付けるための政治的努力をしたとしても、最後はどうなるか予測できない。つまり、一種の賭けになる。とは言え、歴史上、それが実際にブレイクスルーを巻き起こしてきたことも事実である。国民主権とは、国民・人民・大衆・群衆のうねりがとんでもないブレイクスルーを起こすかもしれないことに対し、大いなる期待と峻厳なる畏れをいただきつつ、国運をそれに賭けてみる思想である……と。

しかし、むやみに一発勝負に出ることは玉砕の危険を含んでいる。そこで、前章においては「むやみに主権に頼むことをせず、主権者の出番を少なくしておくこと」をひとつの提案として示しておいた。これは、一見すると、政治的決断を回避し、主権者国民を冒瀆するものと映るかもしれない。確かに、この提案は、国民が主権者として真正面から表舞台に躍り出ることを制限的に捉える点では、ネガティブな響きがある。が、他方で、この提案は単なる消極論ではない。つまり、国民は主権者として立ち現れる前に、有権者、市民、そして個人としてとことんがんばってみるべきだ、というポジティブなメッセージをそこには込めたつもりである。憲法改正や新憲法制定、さらには革命といった高次の憲法政治に走る前に、通常政治の枠組で政治課題を解決して行こう、ということである。

繰り返しまとめておくと、前章までの私の主権論は、①危機に直面してもむやみに主権者に登場願うことは避けよう、という消極的意味と、②主権者を召喚する前に、通常政治の枠組に危機を回収する努力をしよう、という積極的な意味の双方がある。そして、これらのスローガンは通例、③《通常政治を取り戻すために、熟議を起こし熟議を耐え抜く有権者・市民となろう！》というスローガンと結びつきうるものである。

本章では、③のような「優等生的結論」に飛びつく前に、考察の次元を、有権者としての次元つまり民主主義の次元に定めて、上記の問題を考えてみたい。大衆が巻き起こす〝衆愚の力〟への期待と恐怖が両義的に張り付いている点では、国民主権論も民主主義も同じである。それが、通常政治のステージでどのように現れ、問題となるのか、それを考察していきたい。

いま、あっさりと国民主権論と民主主義を並列で書いた。今日、この二つは深く連結した思想、あるいはほぼ同一の思想と考えられているフシがあり、それはそれで間違いではない。しかし、民主主義は、主権論が登場するはるか昔から、考案され、実践され、哲学されてきた伝統がある。まずはそのあたりから見ていく必要があるだろう。

1 原風景としての「民衆支配」

†Democracy の原義にさかのぼる

民主主義は、英語でdemocracyであるが、よく知られているように、それは古代ギリシャのdemokratia（デーモクラティア）に由来する。これは、demos（デーモス）とkratos（クラトス）の合成語である。前者は「民衆」を意味し、後者は「支配、力」を意味する。だとすれば、直訳は「民衆支配」あるいは「民力、民圧」といったところになるだろう。

リンカーンの民主主義の定義「人民の人民による人民のための政治」がよく知られているが、これを何度か心の中で呟くと、勇気が奮い立つような感覚、あるいは、なぞなぞをかけられているような感覚になるが、「民衆支配」や「民圧」の方は、何度か反芻（はんすう）していくと、だんだん不安な気持ちになってくるのではないか。もっとも、冷静になってみると、どちらもほぼ同じことを言っているわけであるが、いずれにせよ、対照的な評価を生み出す両義的性格が民主主義には固着しているのだ。

ここで注意すべきことは、democracy/demokratiaは、「民衆支配」という国制のあり方に関する〝類型〟を意味している点であり、民主〝主義〟(-ism) という理念的な名称で通用しているのはいささか違和感を抱くむきもあろう。もっとも、後世、democracyは、ある種の普遍的原理として語られるようになり、たっぷりと価値や理念が染み込んだ概念に上りつめるので、その意味では、民主〝主義〟と訳されるのには理由がある。が、古代ギリシャの原型にさかのぼれば、それは主義というよりも統治形態の一種なので、「民主制」(有体に言えば「民衆支配」) と訳した方が正確である。

†堕落した統治形態の中では民主制がベスト

古代ギリシャの国制の類型化を試みたのはアリストテレスである。彼によれば、国制は、「王制」、「貴族制」、「共和制」に分類される。そして、それぞれに堕落形態があって、王制のそれを「僭主独裁制」、貴族制のそれを「寡頭制」、そして共和制のそれを、なんと「民主制」と呼んでいる (アリストテレス2009：57—59頁)。このように、政治学史の初期段階で、democracy/demokratiaは、あるべき国制の堕落形態として登場したことは確認しておくべきことであろう (しつこいようだが、その意味でも「民衆支配」という語源は的を射ている)。

そして、もうひとつ重要なことは、アリストテレスは、これら堕落形態の中で、最悪なのが「僭主独裁制」で、その次に悪いのが「寡頭制」であって、「民主制」はその中で「一番中庸を得たもの」としている（アリストテレス2009：132頁）。要するに、アリストテレスを含む古代思想において民主制は、①国制の堕落形態のひとつであり、②せいぜい堕落形態の中で最もマシなものにすぎない、とされていたわけである（ちなみに1947年の議会演説でチャーチルも同じようなことを言っている）。民主制は、独裁制や寡頭制との比較において《まだマシだ》と位置付けられ、そのような理由で支持されていたにとどまるものであった。

さらに厄介なのは、民主制という堕落形態は、うっかりしていると、寡頭制さらには独裁制に移行・変容してしまう点である。そのような危険を回避するために、アテナイではさまざまな民主制の変革が試みられたし、プラトンは哲人王（philosopher king）の政治つまり哲学者による賢人王制を提案したのである。

そして、その後、民主制は、議会主義、自由主義、個人主義、平等等の原理や価値と合流し、単なる統治形態の一類型ではなく、ひとつの理念のごとく語られるようになった（これもしつこくなるが、民主〝主義〟と呼ばれる所以（ゆえん）である）。とりわけ、ワイマール共和国が、拍手と喝采の民主政治を通じて、独裁国家に転じ、第2次世界大戦と未曾有のホロコーストをもたらしたことは、民主制の堕落のさまを、まざまざと、そして残酷に、人類に見せつけた。この悲劇を契機に独裁制の恐怖をかみしめた人類は、それにもかかわらず、あたかも民主制が人類普遍の理念であるように改めて信奉し始めた（日本国憲法の前文は代表民主制をまさに「人類普遍の原理」と呼んでいる）。

†民主制の本質は〝衆愚〟である

いくら普遍的原理とあがめたてようが、民主制は民主制である。21世紀の世界を眺めてみても、民主制が権威主義に転化した例は多々あるし、表向き民主主義の看板を掲げていても実質僭主独裁の国もある。また、民主主義の代表国もポピュリズム的な専制化傾向を示しており、さらには、与党内の限られた実力者たちの顔色を忖度（そんたく）するだけの政治と行政が定常化しつつあるような国は、もはや寡頭制と言っていいかもしれない。

やはりギリシャ思想の洞察は現在でも生き続けていると言えるだろう。民主制は「民衆支配」であり、その民衆は放っておくと〝衆愚〟に陥る可能性がある。衆愚政治に対する批判は民主制論の歴史と同じくらい古い。衆愚の危険は、民主制の誕生とともに指摘されて、現在においても指摘され続けている、いわば民主制の宿命である。

宿命である以上、それを無視することはできない。それればかりか、衆愚こそ民主制の本質であると見定める必要があると思われる。

《衆愚は民主制の負の側面であって、理念あるいは理論としての民主制の本質的属性ではない》と考える人たちには、私のこの考えは、国民を愚弄するものに聞こえるだろう。が、democracyの原義が「民衆支配」であることを踏まえれば、〝衆愚〟は批判対象としての負の側面であるだけでなく、民主制の本質的属性と見るべきだし、あるいは、衆愚を弱点として突かれ続けることこそが民主制のダイナミズムを保証するものと捉えるべきではなかろうか。これだけ長きにわたり指摘され続け、現在でもなお〝衆愚〟の危険が言われる以上、かかる「負の側面」にこそ、何らかの核心があると見るべきであろう。私が、前章において、国民主権論との関係で、〝衆愚の力〟に対する畏れと期待の双方を強調してきたのはまさにこの点に関わる。

民主制の本質は民衆支配であり、衆愚の危険性を本質とするものである。しかし、衆愚の上に開き直って怠慢（たいまん）に陥ったり、逆に、安易に一発勝負に出たりしたのではオシマイになってしまうのが民主制・民主主義である。だからこそ、民主制・民主主義というタームは、それ単体では語られないことが多く、何らかの形容詞が付されてきた。代表制民主主義、参加民主主義、多元的民主主義、熟議民主主義、くじ引き民主主義（おみくじ民主主義？　ババ抜き民主主義？）、自由民主に立憲民主、等々。こういう形容詞を他の学知や経験から持ってこないと、それ単体ではもたないのが民主制・民主主義である。

私は、〝衆愚の力〟に対する期待と恐怖の両方をバランスしつつ、最後にはそれに賭ける瞬間が来ることを念頭に置きながら、同時に、安易に飛びつくことを回避し、通常政治の現場に踏みとどまることを本書全体を通じて主張している。そこで、次に、〝衆愚〟ということについてもう少し立ち入って自らの考えを示していきたい。

2 〝衆愚〟その1――愚民とエリート

先に見たように、民主制はあるべき国制の〝堕落形態〟のひとつであり、他の堕落形態である僭主独裁や寡頭制と比べればまだマシであるという理屈で指示されているにすぎない。そして、民主制をあるべき国制から遠ざけ、堕落に追い込んでいる原因は〝衆愚〟にあると、それこそ民主制が生まれたときから、言われ続けてきた。

私は、ここまで、この〝衆愚〟について立ち入った説明をしないできた。説明しないまま、〝衆愚の力〟に対する畏怖と期待を民主主義の本質であると語ってきた。ここでは、私が〝衆愚〟にどのような意味を込めているのかを明らかにしていきたい。

†雄蜂と哲人――プラトン

プラトンは主著『国家』の中で、民衆の一部を「雄蜂族」に擬して描いている（プラトン1979：第8巻）。雄蜂にあたる人たちは、寡頭制（貴族制）の世では、役立たずでぶらぶらしており、除け者扱いされているが、民主制の世になると、突如として元気になり勢力を拡大する。雄蜂は針を持たないが、時に針をもった雄蜂が登場し、演説をしまくって、他の雄蜂たちはその演壇の周囲に集まってブンブンとやかましく同調する。

こうして、民主制にあっては、ほとんどあらゆる事柄が、こういう種族によって管理されることになる。雄蜂族は、「金持ち階級」に群がり、そこから蜜をすする。さらに、「民衆」という働き者たちがいて、これは国制を構成する最大勢力である。それほど財産を持たず、また公共的なことにはあまり関心も抱いていない。「金持ち階級」はこの「民衆」から蜜を召し上げ、雄蜂に供給する。

女王蜂（貴族的指導層）⇩働き蜂（臣民／民衆）⇩雄蜂（除け者）という寡頭制的秩序が、民主制の成立により解体すると、除け者の雄蜂族が「針をもった雄蜂」つまり「デマゴーグ」を生み出し、あっという間に国制を席巻してしまうさまを、プラトンのこの比喩は描き出している。

プラトンは、このような民主制の展開の果てに僭主独裁制がもたらされると警告している。寡頭制的階級秩序が崩壊し、雄蜂族が自由の空間に放たれると、同胞を血祭りに上げる政治が生み出され、僭主独裁に至ると言うのである。プラトン曰く、「最高度の自由からは、最も野蛮な最高度の隷属が生れてくるのだ」（プラトン1979：247頁）。そして、周知のとおり、衆愚の政治に対してプラトンが提示した国制案は、哲人王による統治であった。

このように、愚かなる民衆による統治を否定して、哲学者に賢人政治を期待するような提案は、現代であれば、エリート主義と批判されるだろう。もっとも、プラトンの考えた賢人政治は、単にアカデメイアやリュケイオンで訓練を受けた哲学者が政治指導者になればそれでいいわけではなく、統治者は、財産を持たず、妻子も共有されることが必須条件とされていた。要するに、世俗の喜びを放棄しても愛知の喜びに生きる者、それは哲学者というよりも、仙人あるいは世捨て人に近い印象を受ける。プラトンは哲学者の世捨て人的性格に期待したのだろうか。いずれにしても、そこでの哲人イメージは、いわゆる「エリート」のそれとは異質であるように私には思える。

†愚民とエリートの分断を超えて

が、それはともかく、衆愚政治批判に対しては、「主権者国民を愚民扱いするのか？」「いったい何様のつもりだ！」という反問が常にはね返ってくるのは確かである。衆愚政治をめぐる議論には、「愚かな者」と「賢い者」、あるいは「愚民」と「エリート」の分断がつきまとっている。

しかし、国民の大方が「愚民」でしかない国の「エリート」とはいったい何か？　だいたいそんな国で「エリート」が生まれるのだろうか？　東大に進学する可能性が高いだけの高校を「エリート校」と呼び、有名私大や国立大理科系を出た人間がサリンをまくと「エリートの転落」と表現する国の、その程度の「エリート」に、大衆を愚民扱いする資格があるのか？「愚民」と「エリート」の分断と言っても、「エリート」の倨傲の実相は、〝目くそ鼻くそを笑う〟に等しいのではないか？

また、エリート主義的な民主主義理解に反発する一方で、教育等を通じた主権リテラシーの開発を促進することは否定しないのが一般の傾向であろう。この立場は、主権者教育で啓蒙されなければ一人前の国民になれないという意味での〝愚民扱い〟を潜在させており、エリート主義に反転する可能性を秘めている。そして、そのような主権者教育による訓練を受けないと国民は主権者になれないと言うのであれば、それは、国民は誰もが《啓蒙されるべき「愚民」》であることを前提にしていることになる。

以上からすると、衆愚政治問題は、「愚民」と「エリート」の分断として理解するのではなく、誰もが愚民でありうることを前提に論じられるべきであろう。私が、衆愚こそ民主主義の核心であると言うとき、そのような理解に立脚している。そして、かかる理解を表明するにあたって、衆愚というやや刺激的な言葉を用いるのは、民主主義に対する批判的な視点の立て方としてもそれくらいの方がちょうどいいのではないかと考えるからである。

もちろん、「愚民」はエリートにも英雄にもなれる。しかし、エリートや英雄の偶像を〝人格の完成〟と見て、卓越主義的に称揚する政治は巧妙な分断を民主主義にもたらすだろう。そうではなく、誰しもが「愚民」という〝原点〟を批判的契機に据えて自分の思い込みを疑い、自己を他者に開いて、安易な〝人格の完成〟に飛びつかないようにすべきである。それは、エリートや英雄にも、否、エリートや英雄にこそ、要請される。主権者教育はそういう方向性で行われるべきであろう。

3 〝衆愚〟その2――主権者としての「大衆」

†アレントの「モッブ」

プラトンは民衆の一部を「雄蜂」と見立てた。貴族的身分制の下では役立たずと除け者扱いされていた一群の人々が、民主制への転換によって、にわかに活気づき、ぶんぶんと騒ぎ始める。デマゴーグによる世論の沸騰を煽動(せんどう)する連中である。

そして、この雄蜂族は、自分たちよりもずっと多数を占める「民衆」を動かし始める。「民衆」はさして政治に関心を寄せず、黙々と働き蜂としての使命を遂行し、富を召し上げられる、どでかい群れである。これが雄蜂族の挑発にのって僭主独裁を生み出して民主制的統治を自壊させていくわけである。

このようなモチーフは、20世紀に入って、ハンナ・アレントにも引き継がれている。アレントの言う「モッブ（the mob）」がそれである。モッブはブルジョア階級をはじめとするあらゆる階級から締め出された「階級脱落者」であり、「カリカチュアされた民衆」である（アレント1972：204頁）。モッブは20世紀に成立したヨーロッパの大衆社会が生み出したものである。ヨーロッパ大衆社会は、白地から大衆が湧き出したことにより形成されたのではなく、階級社会崩壊の産物として成立したという点が重要である。階級社会においてクズ扱いされていたモッブは、大衆化以後の世の中では、むしろその犯罪者的行動力や冒険主義的活力によって幅をきかせることになる（プラトンの雄蜂族さながらである）。アレントは、次のような言説が全体主義国家形成のプロセスで幅をきかせていたと言う（同203頁）。

「モッブの声は民衆の声であり、それ故神の声である。そして――クレマンソーが嘲笑したように――唯々諾々としてその声の後について行くのが指導者の務めである」

モッブは、自らを追放したブルジョア社会を憎み、自分たちを代表しない議会を憎んだ（同204頁）。モッブは階級脱落者であったがゆえに階級にとらわれず、あらゆる階層の人々に接近し、煽動を成功させていく。モッブは階級脱落者であるが、階級的出自はブルジョアジーである。

ブルジョア社会は、いわば階級的倫理や貴族的偽善をかなぐり捨てたブルジョアジーであるモッブに、自分たちの反転した（それゆえに解放された）自己像を見出し、モッブを受け入れていくのである。こうして、プラトンが雄蜂に煽られた民衆が僭主独裁を帰結することを説いたのと同様に、アレントはモッブに煽動された大衆社会が、全体主義的独裁制を帰結するさまを描いたのである。

†「大衆」の登場

さて、衆愚について考察する本書のこの箇所で、私は、モッブや雄蜂に「衆愚」の原型を見ることができる……と言いたいのではない。ここで考えたいのは、むしろ、モッブや雄蜂に煽動された民衆や大衆の方である。

「衆愚政治」は mobocracy あるいは ochlocracy の日本語訳であるが、mob とはアレントの言うモッブであり、それは本来群衆／群集を意味する。また後者も古代ギリシャ語の okhlokratia に由来し、okhlos はやはり群衆／群集を指す。本来の語義に寄り添って訳すならば、「群集統治」あるいは「群圧」とでもなろうか。

先にアレントのモッブ論を見たが、階級社会から締め出された社会のクズであるモッブは、ブルジョア中産階級という階級的出自を持っており、倫理と偽善から解放されたブルジョアとして、自分たちを追放した階級の逆説的な鏡像であった。

階級社会が過去のものとなり、大衆化が一層進むと、「大衆」はいかなる階級的基盤も持たなくなる。「共同の世界が完全に瓦解して相互にばらばらになった個人からなる大衆社会」においてて大衆はいかなる組織化にも呑み込まれない存在である(アレント1974：24頁)。「アトム化され孤立させられた個人」の群れである大衆の組織化はもはや「運動」という形態によってしか達成されない(同35頁)。その運動とは全体主義運動であり、20世紀は大衆という群れを政治的に糾合することを企てた初めての時代ということになる。

組織化不能な大衆を運動体として政治利用する全体主義運動は、アレントによると、「周囲のものすべてを運動にとりこむことによってのみ自己を維持しうる」プロジェクトである(同2頁)。逆に言えば、普段は地道に日常生活を送っている不可視の「大衆」は、生活を運動のベクトルに変えると突如として立ち現れ、いったん運動が始まれば止めどもない怒濤としてすべてを呑み込むということである。

†平均人の巨大な波――オルテガの大衆論

ここまで「大衆」と「民衆」を区別せずに用いてきたし、実際さして有意的な差異があるわけでもない。が、語感の問題として「民衆」という言葉は、国制を構成し、共同体的基礎をもった一群の人々というニュアンスがある。他方、アレントの「大衆」は原語では

the masses であり、私の考える〝衆愚のブレイクスルー〟のイメージは、むしろこれに近い。なので、これからは、基本、「大衆」を用いることにしたい。

さて、私が、モッブよりも大衆に着目したいと言ったのは、衆愚政治についての一面的な理解を排除したいからである。衆愚の本質は、モッブやデマゴーグに踊らされ、それらの挑発に盲目的に従う民草の愚かさにあるのではない。むしろ、モッブやデマゴーグでさえどうにもならない不従順さ（手に負えなさ）を大衆が有している点が重要である。

『大衆の反逆』（1930年）で大衆批判のランドマークを築いたオルテガ・イ・ガセットの議論がここで参考になる。オルテガは「群集」と「大衆」を区別する。群集は「量的かつ視覚的なもの」であるが、他方、大衆は「個人が集まって集団の形をとらない場合でも、心理的事実としても定義することができる」存在である（オルテガ2020：67、69頁）。群集が量的に可視化できる存在であるのに対して、大衆は質的な社会的属性を指す。オルテガによれば、大衆とは自己を特別なものとみなすことはせず、「みんなと同じである」ことに満足し、さらに、凡俗であることを恥じず、むしろ「凡俗であることの権利を大胆に主張し、それを相手かまわず押し付ける」、そのような人々である（同69、74頁）。

大衆を構成するこのような人々を彼は「平均人」と呼んだ（同67頁）。平均人とは中庸な人、平均水準の生活をしている人という意味ではない。みんなと同じであることを望み、凡俗であることを肯定するだけでなく、非凡な者を押しのけていく衝迫にとらわれている人のことを言う。平均人の塊である大衆は、「自分たちがカフェーで話題にしたことを他に押しつけ、それに法としての力を付与する権利があると信じている」人たちであり、「直接行動に訴え、物理的圧力をもって自分たちの望みや好みをごり押ししている」人たちなのである（同70頁）。かかる大衆をオルテガは次のように表現している（同73頁）。

「自らに何ら特別な要求をせず、生きることも既存の自分の繰り返しにすぎず、自己完成への努力をせずに、波の間に間に浮標のように漂っている人」

オルテガのこのような比喩は修正する必要があるように思われる。浮標（ブイ）はあてどもなく波に揺られているものであるが、他方で、先に見たように、平均人たちは「物理的圧力」を持ち、平均化された「自分たちの望みや好みをごり押し」する the masses である。

だとすれば、大衆は浮標ではなく、むしろ「波」そのものであり、非凡な人間、政治指導者、デマゴーグ、雄蜂こそが、大衆という波間に浮かぶ浮標ではないか。政治指導者やデマゴーグをはじめとする冒険的な浮標たちは、ときにサーフボードを取り出して、波乗りに挑戦する。彼らは愚かなる大衆を誘導しているのではない。大衆の波に乗るだけである。うまく波に乗りきることもあるし、波に呑み込まれ生還できないこともある。

このように考えると、私の大衆についてのイメージは、SF作家のスタニスワフ・レムが描いたソラリスの海の非人格的な静けさよりも、東日本大震災で私たちが目にした、あのどす黒い津波のうねりに近い。人格も非人格も、愚民も英雄も、徳も欲望もすべて呑み込んで黒々とうねり、制御不能であるが、明らかに一定のベクトルをもって突き進む、あのイメージである。

†平均人・普通人の磁場

オルテガの「平均人」で思い出すのは、1948年から53年まで使用された、文部省作の『民主主義』という社会科教科書である。これは本書第2章に登場した法哲学者の尾高朝雄が中心となって編集されたものであり、教科書らしい平易な文章ながら、内容はかなり濃い。その最終章において、同書は、人々の努力によって営々と築き上げられてきた人間社会の欠陥はやはり人間自身の力によって是正されるべきであると説き、人間の歴史は人間の意志と力で向上発展すると述べている。そして、「このような人間の力への信頼こそ、民主主義の建設の根本の要素なのである」と言う。

同書は、かかる信頼は、「英雄や超人や非凡人に対してささげる信頼であるよりも、むしろ、ここに住み、そこに働いている『普通人』に対する信頼である」とする。そして、それは国民自身に対する信頼でなければならないと結論づけている（文部省2016：210—211頁）。同書は、政治の方向性を決定し、より良い社会を作り上げる力が「国民のどこにもここにもいる『普通人』」が持っているという信頼（自分で自分を信頼する「自頼心」）に支えられるのが民主主義であると別な箇所でも強調している（同216頁）。

この「普通人」は、オルテガの言う「平均人」とは異なり、大衆批判のために用いられているのではなく、もっとポジティブな類型として描かれている（教科書だから当然と言えば当然であるが）。とは言え、よくよく考えてみると「普通人」とは分かったようで分からない概念である。平均人も普通人も、何か差異を刈り込まれ、生気を欠いた人間類型、否、〝平均身長〟とか〝普通料金〟のような非人間的モードのように聞こえる。しかも、この奇妙な類型が、あちこちにいて、隣に住み、職場で日々一緒に働いているというのである。

そして、平均人や普通人という概念の興味深いところは、「あなたは、平均人・普通人ですか？」と聞かれたら、おそらく人は「はい、まあ、そんなところです」と応えるだろう。冷静になって考えるとよく分からない人間類型ではあるのだが、おおよそみんな自分はそうだと思っている、そんな概念なのである。こういう平均人・普通人から成るのが大衆である以上、空気を読む心理や同調圧力は大衆現象の当然の帰結であると言えよう。

†主権者としての大衆

さて、大衆は、なにしろ平均人・普通人なのであるから、とてつもなく良いこともしないだろうし、とんでもなく悪いこともしないように思われる。が、これは大きな間違いである。大衆は、文字通りの衆愚をさらすこともあれば、英雄にもなりうる。本書でたびたび繰り返してきたように、大衆は全体主義運動のうねりとなって独裁制を帰結することもあったし、諸悪の根源である旧体制をなぎ倒し、革命を起こすこともあった。プラトンとアレントは前者を危惧し、シィエスは後者を煽った。文部省編の教科書は〝良いことだけをする普通人〟への信頼を説いたが、そんな片思いだけだととんでもないしっぺ返しを受けるだろう。

あのどす黒い津波の力動のように、大衆のうねりを、正確に予測することは困難であり、統御もできない。それは、英雄的偉業をなすこともあるし、最悪の独裁制に結晶することもある。破壊もするし、破壊のあとの創造の契機にもなる。私が、〝衆愚の力のブレイクスルーに対する期待と恐怖〟と述べてきたことはこのようなイメージにおいてであることをここでも繰り返しておきたい。

そして、多くの民主主義国家は、このような大衆に「主権者」の地位を与えた。もちろん、主権を有するのは国民であって大衆ではないという反駁もありうるだろう。が、大衆を「国民」に鋳造し直すことができなければ――つまり、「普通人」に前向きな「自頼心」を植え付けなければ、あるいは、大衆を手なずける技を編み出さなければ――国民と大衆を有意的に峻別することはできない。理屈はどうあろうと、現実に主権を担うのは大衆である。身分制や階級制が否定された現代国家において、そうなるのはむしろ〝当初予定〟であり、〝約束〟のひとつであったのではないか。

オルテガを含め大衆論を展開した論者は、一様に、大衆を擬人化あるいは戯画化してきた（「平均人」、「通常人」、「満足しきったお坊ちゃん」［オルテガ2020：183頁以降、等々］）。確かに、大衆がある種の心理的属性であるなら、その擬人化・戯画化、つまり人格化は当然の試みと言うことができよう。しかも、それが予測不能・統御不能の怒濤となりうる〝力の塊〟であり、そこにさらに主権の冠をかぶせるとすれば、神の至高性に由来する主権論史が歩んできた、例の歴史が繰り返される可能性がある。つまり、神の絶対的恣意性を主権者にも投影するという、あの論法である。神の絶対的恣意性を畏れた人々は、神を人格化しようとしたし、自然法に訴えてコントロールを試みようとした。主権者となった大衆にも同じことが行われようとしている。

アレントが、クレマンソーの嘲笑とともに、「モッブの声は民衆の声であり、それ故神の声である」と喝破したことは先に引用したが、この描写でも明らかなように、モッブ（ぶんぶんうるさいデマゴーグ的雄蜂）の声が神の声とされる根拠は、モッブ自身にではなく、それが「民衆の声」とみなされている点にある。モッブの声は大衆の中に渦巻く鳴動と共振していることが前提である。そこをうっかり読み誤ると、モッブも為政者も波に呑み込まれ、海の藻くずとなる。

こうして主権者のステータスを得た大衆は、主権論の宿命を背負うことになる。大衆が神格化、魔術化されることになるのである。

4 魔術から計算へ

†情報環境の今昔

昔は（大昔は？）、テレビと新聞と学校が情報収集や発信のための主なメディアであった。一般紙を広げ、総合編成のテレビを見ながら、多少の党派性とお付き合いしつつ、報道番組は市民としてのメンツもあるから見るとして、その他、バラエティやドラマ、洋画劇場に始まり、特に関心もない落語や伝統芸能番組、競馬中継、今日の献立、体操の時間、等々をチラ見しながら、翌日、学校へ行って聞きかじりの情報を得意になって披露する。これらを「お茶の間」(これも今や昔ばなしに近いが)という〝パブリック・フォーラム〟において、おやじ・おふくろ、じいちゃん・ばあちゃん、姉貴に兄貴、等々との微妙な世代間対立も含め、多様だがめんどうくさくもある〝学びの場〟と〝諍(いさか)いの場〟が展開していた。もちろん、当時も、新聞の番組欄やテレビガイドなどによって自己の選好にしたがった番組選択は可能であったが、「お茶の間」という調整機構が作動して、チャンネル権の争奪戦が平定され、その敗者は自分の部屋に撤退し、ラジオを友に夜を過ごしたのである。

時代は一変した。テレビも新聞も学校も、インターネットに顧客を奪われ、その求心力を低下させている。ウェブ検索、SNS、ネットショッピングが生活の中心に据えられ、AIが搭載された機器に囲まれて生きるIoTの時代を迎えた現在、私たちの情報環境、そして、大衆の動態や世論のうねりはどのように理解されるのだろうか。

†デイリー・ミー→エコー・チェンバー→集団分極化――サンスティンの#リパブリック論

アメリカの法学者であるキャス・サンスティン（Cass R. Sunstein）はこのトピックについて精力的に議論を展開してきた象徴的論者である（サンスティン2018）。

ネットでの情報収集はカスタマイズ可能になり、自分にとって好きな情報ないし情報源にのみアクセスして、好ましくないそれらを遮断することができるようになった。そして、そのような好みの足跡はネット上に蓄積され、グーグルやヤフーのアルゴリズムは過去の閲覧履歴から個人の好みを予測分析し、プロファイリングによって当該個人の選好に従った情報提供を行っている。過去の閲覧履歴つまり当該個人の好みに従って、検索結果の順序・配列、ウェブニュースの紙面構成、商品広告もカスタマイズされる。

サンスティンはこのような状況を、「閲覧する情報を自分でフィルターにかける能力の向上」と「サービス提供者がわれわれについて知っていることにもとづいて、一人ひとりのために情報をフィルターにかける能力の向上」の相乗効果として描いている（サンスティン2018：12頁）。このような二つの能力向上の相乗ないし循環は、個人がネット環境にアクセスすればするほど、そのネット環境自体が個人の選好に応じて再設計されるというループを生じさせることになる。

サンスティンは、こうした現状について、MITメディアラボの創設者であるニコラス・ネグロポンテがかつて「デイリー・ミー（Daily Me）」（日刊じぶん新聞）と呼んだ事態が日常化しつつあると警告する（同第1章）。人々は、「日刊じぶん新聞」を、日刊どころか場合によっては「じぶん速報」を、発行しかつ受領するうちに、自分の好みだけが反響し続ける小部屋（「エコー・チェンバー（echo chamber）」）に閉じこもることになる（こうした情報環境は「フィルター・バブル（filter bubble）」「イーライ・パリサー」、「インフォメーション・コクーン（information cocoons）」などと呼ばれることもある）。

そして、ネットは人と人を結びつける技術でもある。SNSで同好の士がつながり、エコー・チェンバーは〝私だけの個室〟から徐々に〝団体貸し切り〟に変容する。そこでは「互いの情熱をかき立てる」ことが繰り返される中、偽情報も動員されて、その集団がもともと持っていた偏りが一層先鋭化される傾向が見られる。これは、過激派やテロ集団に限らず、SNSで結びついた普通の集団にも妥当する。こうして、社会は、個性的な集団の多元化を超えて、極論が排他的に割拠して調停のしようがないバルカン化に陥る。サンスティンは、これに「集団分極化（group polarization）」という社会心理学の用語を当てて、警鐘を鳴らす（同第3章）。彼は、これを丸ごと否定はしないが、個人にとっても、社会にとっても、そして民主的な政策形成にとっても、好ましくない事態であると言うのである。

†集団分極化――デジタル社会の「雄蜂の群れ」・「モッブ」

同じ指向性をもった人たちの集団が分極化するのは、集団内部で情報カスケード(information cascade)が発生するからである。そこでは、最初の数人あるいはたった一人の発言――それはインフルエンサーのものかもしれないし、あるいは無名の人物の偶発的な一言かもしれない――に追随者が次々に生まれ、あるティッピング・ポイントに達すると同じ見解が瀑布(ばくふ)(カスケード)のごとく奔流する現象が生じる(サンスティン2018：第4章)。このような機序によって、エコー・チェンバーに響き渡る声は、徐々に極相を呈するようになり、仲間うちでは強固なオーソドクシーに祭り上げられるが、社会には頑迷で騒がしいノイズとして影響を及ぼすことになる。

極相化した集団のノイズは、本章2節で見たプラトンの「雄蜂の群れ」あるいは本章3節で言及したアレントの「モッブ」に相当するものと言えるだろう。その意味では集団分極化もエコー・チェンバーも大昔から見られた現象である。が、プラトンやアレントの時代と決定的に違うのはインターネットの登場と発達である。広大なデジタル情報空間が出現したと同時にそれをカスタマイズできる技術も向上した。

分極化の深刻さは、逆説的に聞こえるかもしれないが、情報の多様性の増大に比例している。現代の「雄蜂の群れ」や「モッブ」は、多様性が増せば増すほど、それによって自分たちの指向性が相対化されるのを恐れ、情報の一元化・一様化を画策するとともに、認知限界を超える情報過多に疲れた人々にサイバー・カスケードのカタルシスを与えて囲い込みを図る。

†〝主権者国民〟の分極化・均質化・可視化

集団分極化は、あたかもネット社会がそれ一色に染められているかのようにわが国では紹介されることが多いが、サンスティン自身は必ずしもそう見ていない。エコー・チェンバーと距離を置こうとする人々もまだまだ多く存在し、多層的な分極化状況においてもそのような諸集団を通貫しうる〝パブリック〟が立ち上がる可能性があると彼は信じている(サンスティンにおいてかかる〝パブリック〟は、熟議を通じた民主主義運営を行える群れとして想定されているので「大衆」ではなく「公民」のイメージに近い)。

集団分極化した「雄蜂の群れ」や「モッブ」とは区別された、より大きな〝パブリック〟を想定・対置し、そこに他者や異見との出会いと熟議による政治的選好の変容の可能性を見出す。こうした解法もありうるところである。ありうるどころか有力な解法の代表格であろう。しかし、それを〝パブリック〟と呼ぼうが、〝国民〟と呼ぼうが、〝主権者〟と呼ぼうが、分極化した集団と区別される、一般意志の表明主体が拠って立つ全体社会それ自体がエコー・チェンバーでないという保証は果たしてあるのか？　情報カスケードは特殊集団のみならず、もっと大きい規模でも起こりうる。国民や主権者が〝国家〟というエコー・チェンバーに閉じこもり、カスケード現象によって、国家意思を極相化していく可能性は否定できない。

このように、〝主権者国民〟もまたインターネットでつながっている以上、サンスティンが指摘する危惧は〝主権者国民〟にも妥当する。

そうだとすれば、主権者あるいは国民というレベルにおいて極相化が起き、国家単位での分極化が進むことになりかねない。この点、注意すべきは、集団分極化は、集団内で見れば「均質化」が進んでいることを前提とするという点である。インターネットの情報空間は、相互に相容れない多様な極化集団が群雄割拠するおそれがあるが、同時に、ブロックごとでは微細な差異が刈り込まれた得体のしれない均質化がかなり広範に進んでいる空間でもあるように感じられるのはそのためである。

伝統や文化について、例えば、伝統的な民族衣装を他の民族や人種が乱調に着こなす広告に対して、それを「文化盗用（cultural appropriation）」として徹底的に批判することがある。その場合、批判を先鋭化させるために当該民族衣装文化は極相化される一方で、民族衣装の風合いや布地や縫製の質、着付けの流儀などのその文化の「差異」は大幅に刈り込まれて、均質化された文化規範が誕生することになりはしないだろうか。また、繰り返される「祭り」や「炎上」による言説の消費や淘汰の背後には巨大な情報行動の均質化されたモードを見て取れないか。

ここで、〝主権者国民〟を現実的に担う「大衆」が「平均人」あるいは「普通人」と呼ばれていたことが想起されよう。均質化の波こそは、差異を刈り込まれた人々、すなわち「平均人」「普通人」の自己主張であり、それを生み出すインターネットこそは、技術社会における「平均人」「普通人」の舞台なのである。

分極化した諸集団と〝主権者国民〟という統一体との関係はどのようなものとしてあるのだろうか。諸集団が分極化・乱立しつつも、なおそれらを通貫しうる〝主権者国民〟なる統一体がいて、諸集団を共約できる利益のかたまりとして存立しているのだろうか。あるいは、そもそも主権は観念的な想定にすぎず、現実に存在するのは分極化した諸集団でしかないのかもしれない。

ここで登場してくるのが、現代のIT技術が民意の実相を可視化し、疑問を解決してくれるかもしれないという主張である。サンスティンの議論の前提にあるのは、「デイリー・ミー」現象やエコー・チェンバーが、個人の閲覧履歴等をプロファイリングによる予測分析にかけることによって可能になっている、という認識である。つまり、私たちが日々生成している閲覧履歴や購入履歴、書き込みやつぶやき、位置情報や移動履歴は、膨大なデータベースとして集約可能であり、〝主権者国民〟はそのようなビッグデータとして存在していると見る立場が台頭しつつある。〝主権者国民〟は計算可能なデータとして捉えられると言うのである。

†魔術から計算へ――「一人一票」制という変換ツール

神の至高性に淵源（えんげん）を持つ主権概念は、その最高絶対性が強調され、対話不能、交渉不能、予測不能、答責不能な〝魔術的概念〟であった。このような用法は、形をかえて、今でも通用している。

「最後は主権者国民の判断だ」との言説は、重大論点も主権的審判が下ればあたかも魔法のように消えてなくなるかのごとき響きがある。あるいは、「国民の理解が得られない」「国民の声なき声を聴け」という言い方もしばしば耳にするが、分かったような分からないような言説であるにもかかわらず、なんとなく通用してしまうのも、希釈化されたとは言え〝主権者国民〟という観念の魔力が今でも効き目を持っているからであろう。

しかし、主権という魔術は、デジタル化と電脳網の発達によって計算可能なデータに変換・集約され、予測分析の対象となって、数値として可視化されるようになった（と言われる）。

もちろん、主権を可視化・数値化しようとする試みは古くからあった。「選挙」がまさにそれである。得票結果を、直接あるいは一定の計算式を通じて数値で表し、議席数に変換して、〝主権者国民〟の意思を可視化する営みである。そのために編み出された変換ツールこそが「一人一票制」であった。この定式によって、人々の政治的差異は徹底的に刈り込まれ、どの国民も等しく「1」として基数的にカウントされることになる（考えてみると、ものすごい変換フォーミュラである！）。

主権者の声を可視化する仕組みは他にもあるが、実際には、選挙が最有力のものとみなされている。人々の政治的社会的選好をこれだけ刈り込んで（と言うよりも消去して）、数値化するものであるにもかかわらず、そうみなされているのである。しかも、そこで確認される〝主権者国民〟の意向は、投票日という〝祝祭的瞬間〟に表示されたものに限られ、かつそれに参加する人数もいまや有権者の半数ほどである。また、「一人一票」と言っても、一票が議席を生み出す力は実は等しくなく、比較する選挙区によっては数倍の格差が生じているのが現状である（議員定数不均衡問題）。現行の選挙という仕組みでは、主権者の意向の可視化は十分なされているとは到底言えない。

†東浩紀の「一般意志2.0」

この点、興味深いのは、批評家の東浩紀が『一般意志2.0』で行った提案である（東2015）。

東は、ルソーの社会契約論を再訪する。東によれば、ルソーは、主権を構成するのは一般意志であり、主権を具体的に誰が担うのかという統治形態の選択は、主権＝一般意志に従う限り、君主であるか国民代表であるかを問わない、と考えていた（同42―43頁）。

では、一般意志とは何か。東は、ルソーのテクストを再解釈し、彼が一般意志を一種の「数学的存在」（同75頁）あるいは「数理的に算出可能なもの」（同51頁）と考えていたとする。ルソーは、一般意志、特殊意志、全体意志を区別しているが、東はこれを次のように理解する。まず、特殊意志は大きさと方向をもった量（ベクトル）であり、全体意志とは、特殊意志から方向を除いた大きさだけの数値（スカラー）を足し込んだ総和である。他方、一般意志は「差異の和」であり、全体意志とは区別される。こうして、東は、一般意志とは、スカラーの総和ではなく、「ベクトルの和」であると捉える（同51頁）。全体意志は誤りうるとルソーは考えていたが、それは個々の特殊意志の相反する方向性を無視して総計するから矛盾がそのまま残ってしまうわけである。他方、「一般意志は誤らない」とされ、主権性が付与されているが、ルソーがそう考えた背後には、かかる数理的な理解があったからではないか、と東は見るのである。

これに加えて、東はルソーの所説が持つもうひとつの重要な含意を指摘する。東は、ルソーが一般意志を「人間が作り出す秩序の外部にある」と想定していた点、換言すれば、「無数の自由な個人が集まって、たがいに監視し暴力を振るいあう不安定なコミュニケーション＝自然状態の外側」に設定された基盤・環境としてそれを想定していた点を強調する（同75頁）。その意味するところはこうである。

グーグルのユーザーが残す膨大な閲覧履歴やツイッターに書き込まれた無数のツイートは「総記録社会」を生み出した。もちろん、個々の閲覧や書き込みは意識的にされたものではあるが、それが無数にのぼって集積されると、それらは「もはや個々人の思いを超えた無意識の欲望のパターン」を生み出すようになる（同93頁）。こうして、総記録社会では、「人々の意志や欲望を意識的なコミュニケーションなしに収集し体系化する」ことが当たり前のようになされ、そのようなデータを素材にアルゴリズムが人々の選好の動態を予測分析することが日常化される。そして、体系化を行う主体は決してグーグルではなく、グーグルはむしろ「わたしたちの無意識が行っている体系化を可視化している」にすぎない（同91頁）。

このような理路を経て、東は、一般意志を「一般欲求」あるいは「均（なら）されたみんなの望み」と再定義し、《主権＝一般意志＝データベース》と理解する（同77、93頁）。このようにアップデートされた一般意志を東は「一般意志2.0」と呼ぶ。

†熟議と計算の対抗

「一般意志2.0」を主権といただく社会では、デモクラシーの形態も根本的に変化する。とは言え、デモクラシーの抱える諸問題に対する〝優等生的解答〟である熟議による民主主義を東は排除するわけではない。彼は、意識的コミュニケーションが織りなす「熟議民主主義」に対して、無意識的欲望の抽出を可能にするデータベースを基礎にした「無意識民主主義」を対置する（東2015：203頁）。その上で、彼はこんな議会を夢想する（同204頁）。

「国会議事堂に大きなスクリーンが用意され、議事の中継映像に対する国民の反応がリアルタイムで集約され、直感的な把握が可能なグラフィックに変換されて表示される。舞台俳優が観客の反応を無視して演技を進められないように、もはや議員はスクリーンを無視して議論を進めることはできない。」

まるでニコニコ生放送の国会版である。一歩間違えると、株式市況を巨大モニターで眺めながら株価の変化に一喜一憂する投資ゲームのように、個々の議員の〝株価〟を競い合うポピュリズム・ゲームになってしまいかねない。そのような可能性を含めて、議会を中心とする政治言説のありさまを東が嘲笑するために上記の夢想を披露している側面も皆無ではないだろう（彼は、「議会は政治の中心にはならない」［同２０３頁］と言っている）。

しかし、東の夢想は、底が抜けた熟議に代替するものとして語られているのではなく、むしろ熟議を再活性化するために示されている点に注意すべきである。東は、熟議に基づく政治とデータベースに基づく計算が「補いあう社会」を目指すことを明言している（同１６２頁）。しかも、その相補性を、馴れ合いや棲み分けではなく、「対決」の地平で構想しているのである（同２０５頁）。

東の夢は、ＮＨＫの「国会中継」に視聴者のテロップを共時的に流せば、すぐにでも部分導入できそうである。それを別室で分析し、大臣には政府委員が、議員には秘書が、民意の反応状況を耳打ちする。そのうち、政党も内閣官房も独自の〝計算部局〟を設置してスマート・サポートを始めるだろう。熟議コミュニケーションとデータベースのやりとりが「対決」の水準に達するためには、テロップ読み取りのための相当な認知能力と訓練が必要となるだろうから、まずはこんなところから始めてみてはどうか。

あるいは、この際、国会の構成を変えるのもいいかもしれない。現在の衆議院と参議院の両院制を改めて、〝熟議院〟と〝計算院〟に改組する。熟議院は、質疑コミュニケーションを中心として伝統的な政治言論に磨きをかける議院である。フェイクや権力ビジネスや分断が横行するだろうが、それはそれ、ポリティクスとはそういうものと割り切りつつ、それでも熟議の力を信じて理性的な合意形成を目指す。他方、計算院は、主権者意思の趨勢を政策課題別にデータベースからアルゴリズムによって検証・抽出し、それを熟議院の審議に対抗的・批判的な素材としてぶつける。計算院の議員（職員？）は選挙によって選出される必要はなく、専門家が任用される。

あるいは、保守対リベラルという軸で二大政党制を構想するのではなく、熟議を担う公民であることをもって自認する〝共和党〟と、デモスというかたまりに主権性を認め、大衆の一般欲求をデータベースとアルゴリズムによって可視化することを目指す〝民主党〟との分立を目指してはどうだろうか。

やや悪乗りしてしまったかもしれない。しかし、権威主義的な統治を通じて一強多弱が恒常化し、選挙のビジネス化によって巨大な政治インダストリーが生まれ、与党が成功したビジネス・モデル(野党が残念なビジネス・モデル)になりつつある今、議院内閣制が喪失してしまった対抗性を回復する試みとして、上記のアイディアは少なくとも思考実験してみる価値はあるように思われる。

とは言うものの、アルゴリズムによる一般意志の抽出、そして、そもそも計算の素材となるデータベースが正確性・信頼性・非政治性をきちんと備えているかどうかは立ち止まってしっかりと考える必要があろう。《データベースに基づいたアルゴリズムによる計算》などと言うと、なんだか透明で中立的な響きがあるが、決してその信頼性は所与のものではない(実は、私自身もそれほど信じていない。それは本書のこれまでの理路から明らかであろう)。

ネット上にちりばめられた書き込みやつぶやき、閲覧履歴に生体データなどの有象無象を、民意や主権者意思と呼ぶに値する〝何か〟にアルゴリズムが変換してくれる……というのは、インプットとアウトプットを取り持つ「アルゴリズム」がブラックボックスになって肝心かなめのネタが示されておらず、何となくゴマカシを受けているような感じがする。掃き溜めに近い玉石混交のカオスに魔法の一滴をたらすと金塊が生み出されるという錬金術的な響きさえある。

デジタル技術とインターネットの発達によって、ポリティクスの文脈から切り離され、数理的に存在証明可能な真理が手に入るようになったわけではない。私が指摘したかったのは、統計資料やチャートを使って見えないものが数値で〝可視化〟されると、あたかも真理が手に入ったかのようにみなされる時代に私たちは生きているという点である。

不可視だった国民の意思や欲望が数理的に可視化されることに意味を見出しうる領域や次元もあるだろう。人々の意思や欲望がどのような技術によって精度の高い状態で手に入れられるようになるのか、それを何に応用すべきか、こういったことはこれからの問題である。インターネットという技術とそれが創出する環境との付き合いは既に長くなりつつあるが、それでも政治領域における付き合い方を意識的に再問する時が来つつあるという意味ではやはり「これからの問題」である。

しかし、インターネット時代を迎えるはるか以前から私たちは、民意を数値化してきたことを忘れてはならない。「一人一票制」という定式やドント式というアルゴリズムで精度の粗い（粗すぎる?）計算をずっと繰り返してきた。データベースやアルゴリズムを疑うのであれば、「一人一票制」そして現行選挙制度も同じく疑うべきであろう。これが、私が指摘したかったもうひとつの点である。

ここで確認しておくべきことは、主権者意思の可視化の方法にはいろいろあって、決して選挙だけが唯一のものではないということだ。より有効でインパクトのある可視化の方法が考案・試行されてしかるべきであり、現にそれを可能にする技術が目の前に用意されているのだ。《取り扱い注意》の概念である「主権」をいろいろなチャンネルで脱魔術化するときが来ている。

5 「選挙こそがすべて」……なのか？

†すべてが政治、最後は選挙？

数年前の話であるが、あるワイドショーを見ていたら、政治家経験もある著名なコメンテーターが歯切れよく次のように述べていた。まず、学術会議会員の任命拒否問題について。これは拒否理由の「説明責任」の問題である。それを果たせば、あとは理由の「説明」に対する「国民の納得度」の問題であり、納得がいかないなら選挙で政権交替させればいい。次に、さる自治体が2000万円の公用車を購入した問題について。これも「有権者の意識」の問題である。さらに続いて、コロナ禍における行動制限に対する持続化給付金の対象から性風俗産業を除外したことについて。これも「国民感情」からすれば除外はやむを得ない。……このように発言していた。

「国民の納得度」、「有権者の意識」、「国民の感情」、そこに言う国民や有権者とは誰のことなのかという問題もさることながら、それら納得度、意識、感情はどのようにして、またいつ表明されるのだろうか。

このコメンテーターの論調からすると、どうやら「選挙」ということになるらしい。このコメンテーターは弁護士でもあるので、法的問題と政治的問題を峻別できる力を持ち合わせている人間であると思われるが、言うまでもなく、以上の3事例は構成のしかたによっては法的問題にもなりうる案件ではある。

が、それはともかく、このコメンテーターは、すべてを政治的問題と見立て、説明責任は「説明」すればいいだけであり、あとは国民が納得するかどうか、納得できないのであれば「選挙」で問題議員を落選させればいいと言う。おそらく、そもそも説明してもしなくてもカンケイない。選挙で勝てば、セツメイしたことになるし、ナットクしていただいたことになるのであろう。

要するに、政治家に向けられた疑義は、法的問題として捉えない限り、説明と納得の問題として「政治化」され、それは「選挙」によって決着される、という論法である。国民の「NO」はすべて選挙に、選挙のみに、集約される。「選挙」のみが実効的な権力批判の回路となる。そして、それは、当選さえすれば何事もチャラになる神秘的なロンダリングの回路でもある。

†選挙の実相――ロンダリングの回路が生み出す時限的独裁

しかし、これは、虚妄とまでは言わないが、実効性に欠けたものである。選挙では、上に挙げられた個別論点がアジェンダとして設定されるわけではない。選挙をシングル・イシュー化することも不可能ではないが、そもそも選挙は個別論点の解消の場ではなく、立候補者に代表としての資格を負託するためのものである。

したがって、ひとたび当選を勝ち取れば、「国民の理解が得られた」「みそぎは済んだ」と言わんばかりに個別の論点や個々の疑惑は雲散霧消し、一括して「解消」されたことにされてしまう。仮に大臣にでもなれば、「根っからの庶民派」「下積み数十年の苦労人」「昼はいつもカレー」などといった意味不明のプロフィールが流され、まるで疑義も争点もはじめからなかったかのようにメディアも「みそぎ」に加担する。

もちろん、マニフェストと言われる選挙公約が提示され、選挙にはその承認を争う面があることも事実である。しかし、選挙期間中マニフェストをめぐる集中的な議論が展開されるかというとそうでもなく、撤回や追加が行われることはまれである。むしろ、まともに掘り下げると論争的な火種が発見されかねないため、炎上することが懸念される政策目標は選挙期間中マニフェストの政策リストの下位の方にそっと仕込んでおき、いったん選挙を終えて国民の負託を得てしまえば、あたかも最重点課題であったかのように表に出して振りかざすことがしばしば行われる。政権交替可能な仕組みを標榜した衆議院議員選挙制度も、制度趣旨の不徹底からか、二大政党制どころか、一強多弱が亢進する傾向にあり、野党は「全力で2位をとりに行く」(倉持2020:305頁)と評されるありさまである。

こうして選挙に勝利した勢力は、民意をまるごと戴冠し、無制約な暴政に走ることが可能になる。これは、私がひねくれて言っているのではない。実際に為政者たちの偽らざる心境として吐露された民主主義観である。2010年3月の参院内閣委員会において、当時の菅直人副総理は、「議会制民主主義というのは期限を切ったあるレベルの独裁を認めることだ」と喝破している。これは民主主義が独裁制に転落しやすいことに警鐘を鳴らしている側面もあるが、同時に、「そもそも、そういうものだよね」と開き直りつつ、本質を告白しているところもある。

民主主義とは選挙／投票であり、選挙／投票とは数であるという思考様式、つまり「数の論理」「数の支配」という本音、と言うか本質論の登場である。

†計算結果の専制

《民主主義は数だけがすべてではない》、《少数派の尊重と少数派も巻き込んだ熟議が大事だ》と、よく公式的に言われる。もちろん、《少数派の最後の砦は裁判所である》として「法の支配」の役割も、同じく公式的に付け加えられる。が、法的紛争がある場合はいざしらず、政治・政策の領域では、上に見た「数の論理」が支配するのだとすれば、少数派は文字通り「数」が「少ない」のだから、ほとんど何もできないことになる。そうなると、選挙で少数政党を選んだ有権者の票とそこに込められた声も、〝期限付き独裁〟が過ぎゆくのを待つしかなくなる。

この点、カール・シュミットは、ルソーの一般意思論に触れて、次のように述べている（シュミット2015：21―22頁）。

「……それゆえ市民は、本来、具体的内容に同意を与えるのではなくて、抽象的に、結果に対し、すなわち投票から生ずる一般意思に対して同意を与えるのである。市民は、そのような一般意思を知る手がかりである投票の集計を可能にするためにのみ、その投票を行う。」

このシュミットの整理は、民主主義の冷厳な実態を描き出すものである。ルソーになららえば一般意思とは〝主権者の意思〟である。したがって、上のシュミットの整理は、選挙こそが主権者の至高の意思を確認する手段であり、しかもかかる意思は「投票の集計」の中に反映される。市民はそのような集計を可能にするためにのみ動員される存在にすぎない、と言うのである。選挙結果は多数派と少数派を数値で明確に区分し、その数的結果こそが、そしてそれのみが、確認されるべき主権者の意思ということになる。

選挙期間中に提示された公約や討論会での論調など（シュミットによれば「具体的内容」）はまったく切り落とされ、議席数のみが主権的判断として蒸留されるのである。そもそも選挙は、公約や論点について投票するわけではなく、それを語っている代表に議席を与えるか否かについての判断の集積にすぎない。

選挙とは、上記のシュミットの整理に沿って言えば、不可視の主権者意思を可視化するための装置ということになる。もっとも、憲法96条の憲法改正における国民投票ならばいざ知らず、普通の選挙が主権者意思の直接的確認であるというのはやや飛躍があるように思われる。それでも、選挙が不可視なものを可視化する装置であるのはその通りであろう。既に述べたように、民意のカオスを数値化するために編み出された変換式は、例の「一人一票制」である。この変換式によって多様な色彩を帯びた民意は、平準化され、計算可能になるのだ。

こうして、市民の声は、一般意思とか民意と呼ばれる抽象的数値に変換され、議席数のみがものをいう政治が可能になる。選挙過程において叫ばれた市民の声も、政治家に届くものは届き、届かないものは届かない。淡い期待にとどまり、期待は数字の壁に跳ね返される。菅直人氏が言い放った〝民主主義は期限付きの独裁制〟というのは、その限りで正しい。

要するに、選挙とはそういうものであると理解しなければならない。〝その程度のもの〟と言ったら語弊があるが、少なくとも〝そのようなもの〟としてまずは捉えなければならないだろう。なので、民主主義が〝選挙結果に尽きる〟と達観することはできないし、私たちの直観にも反する。ではどうしたらいいのか？

6 民主主義という〝利益相反〟

右に見たように、選挙だけの民主主義には限界があるが、民主主義にとって選挙が一大イベントであることは否定できない。神秘的ロンダリングの回路と揶揄（やゆ）されようが、時限的独裁の変換装置と中傷されようが、政治家が命がけで争う、あの祝祭的瞬間が政治共同体にもたらすカタルシスは無視できない。権力という魔物を産み出すのに必要な熱量を選挙以外の何が調達してくると言うのだろうか。選挙はこれからも民主政治のメイン・イベントであり続けるだろう。

しかし、だからと言って、「イヤなら選挙で政治家を落選させればいい」「現状に不満なら選挙に出て政治家になれ」「審判は下った」「みそぎは済んだ」等々の掛け声で、選挙至上主義の上に開き直るのもおかしい。先述した選挙の可能性と限界を見据え、「選挙とはそういうものである」と理解した上で、限定的な期待を寄せつつ、民主政治の祝祭的審判の日を〝真の審判の日〟にするための努力も必要である。

以上のような次第で、①限界があるにせよ選挙制度そのものを改良することと、②選挙以外の方法の導入による民主主義の再設計を大胆に考えてみること、の両方が民主主義の立て直しには必要となるだろう。だが、既存の選挙システムにこびりついた権力への執念はそれはそれはしぶといので、①にのみ打開の途を求めるのであれば、結局、神秘的ロンダリングの回路に呑み込まれて終わるだけだろう。そのことは、うんざりするほど経験してきたはずである。だから、このへんで、選挙というものの祝祭性を横目で見ながら、②をしっかりと構想し、それを実装する機会をうかがう方向に踏み出してみてはどうだろうか。

†「自己統治」という言葉について

選挙というものの限界とある種の欺瞞性(ぎまんせい)については既に繰り返し述べてきた。本章7節では、民主主義の再設計の諸提案を紹介することにしたいが、その前に、選挙に限らず、民主主義そのものがはらむ「限界とある種の欺瞞性」を改めて確認しておきたい。そのために、以下では、民主主義を言い換えたものである「自己統治」という言葉の両義性と、代表民主主義が内包する〝利益相反〟的性質の二点について触れておく。

日本の憲法学では「自己実現」と「自己統治」という言葉がよく用いられる。「自己実現(self-realization, self-fulfillment)」とは、自分の人格を形成・確立し、それを社会に展開していくこと、要するに、自分らしく生きることを意味する。他方で、「自己統治(self-government)」とは、外部に頼ることなく、政治共同体のメンバー自身が当該共同体を治めることを意味する。このように、憲法学の領域では、前者の自己実現が、権利や自由の意義や価値を説明する際に用いられる概念であるのに対し、自己統治の概念はほぼ「民主主義」と同義で用いられてきた。

さて、自己統治であるが、アメリカの標準的な辞書には、上記の民主主義という意味に加え、衝動・感情・欲望を超えた自己抑制(self-rule, self-discipline, self-command)という語義もあることが記されている。そうだとすると、自己統治には、自分らしく在ること（自己実現）とも、結婚相手やランチのメニューを選択すること（自己決定）とも異なる含意があるのではないか。自分たちの政治は自分たちで決めるというだけなら、集団的な「自己実現」と言えばすむ。もちろん、それも大切な含意ではあるのだが、自己統治の固有の意味は、自己実現や自己決定の集団的拡張ではなく、むしろそれらの前提となるような〝自己規律〟の含意にあるのではないか。

自己実現や自己決定には、そこに言う「自己」を疑うことなく、自分の思いの実現や自分の決断の貫徹に突き進むベクトルがあるが、自己規律としての自己統治においては、そこでの自己を疑ってみせる〝もうひとりの自分〟を想定しなければならない。要するに、自己統治は、何らかの「外部」あるいは「他者」を内部化する必要があるのだ。

《自己を規律するルールや原理を自己決定できることこそ主権者にふさわしい自己拘束である》ということがよく言われる。自分を律する原則をあらかじめ決めておく、いわゆるプリコミットメントの発想で、要するに、憲法の制定のことを指す言説である。《自分のことは自分で決める》、このことの重要性は否定しないが、中身が、単なるお手盛りやご都合主義であれば、自己拘束と呼ぶに値しないし、この標語だけでは自己を疑う〝もうひとりの自分〟の姿はまったく見えてこない。また、自己規律という課題の重さに耐えられなくなると、外部の権威者が「今のキミは〝本来のキミ〟ではない」と近寄ってきて、魔が差し、その外部の権威者に規律されることを「自己決定」して、それがささやくイデオロギー世界の中で「自己実現」ができればそれで満足という境地に至るかもしれない。が、これも自己規律とは言えないだろう。〝本来の自分〟を見定めるのも自己規律の要請だからだ。

自分を律するには、自己、さらには外部の他者をも超えた審級を設定し、そこから自分の行いを反省的に検証するきっかけとなる、超越的な「外部」「他者」を自分自身に内部化することが必要である。要するに、自己統治＝民主主義は、その外部にある「規範」と「裁定者」を内部に組み込まなければならない。

「規範」の中身が何かはそれ自体論争的ではあるが、少なくとも、合理的に行動すること、一度決めた基本的決定は特段の理由がないかぎりアンタッチャブルにすること、基本的人権と言われるものを尊重すること、等が含まれるだろう。

既に、第1章3節・5節で述べたように、この世を治める神は絶対・至高の主権を独占する存在として想定されていたが、他方で、ロゴス＝論理を破ることはできず、矛盾律の支配を受けるとされ、また、神の分身である現世の主権者も、神の摂理を人間が理性で読み解いたところのものである「自然法」を超えることはできないとされてきたのである。

ヨーロッパでは、中世神学以降の政治学において、統治をあずかる絶対的主体ですら、侵すことのできない法規範の支配を受けるという考え方（今日の教科書的言い方では、「法の支配（rule of law）」）が連綿として継承されてきたことは、民主主義の再設計を考える際も、留意しておくべき重要なポイントである。

†代表制という〝利益相反〟

自己統治における「自己」は、自己実現や自己決定にいう「自己」と異なり、単一の主体ではなく、国民や人民など政治共同体のメンバーを集合的に総称したものとしての「自己」である。意見の相違や利害の錯綜を内包した〝私たち〟が如何にして〝私〟になりうるのか、換言すれば、多数のメンバーが如何にして、問題を共有し、熟議を尽くして、ひとつの国家意思を形成しうるのか。これらを可能にすると言われてきたものこそ、言うまでもなく、「代表制」というシステムである。

少人数であれば、全員で問題を共有して、共通のアジェンダを設定し、熟議を重ねて、全会一致でひとつの意思を形成することもできないことはない。しかし、政治共同体の規模が大きくなればそれは不可能に近い。なので、代表を選挙で選び、その代表が議会に集まり、アジェンダの設定と熟議を行い、決を採って、法律という形式で国家意思を表明することになる（日本国憲法41条で国会が「最高機関」とされているのは、代表の集まる議会こそが国家の最高意思を決定する場であると見られているからである）。

このような議会に集まる代表たちは国民の一部に過ぎない。にもかかわらず、その決定が国民全体の意思とみなされるのは、代表と国民を同一視するフィクションが成り立っているからである（これを《治者と被治者の自同性》と従来呼んできた）。このフィクションを可能にしているものが、日本国憲法15条と43条である。

15条2項は、「すべて公務員は、全体の奉仕者であつて、一部の奉仕者ではない」と規定し（代表も公務員の一部である）、43条は、「両議院は、全国民を代表する選挙された議員でこれを組織する」と定める。これらの規定の意味するところは、代表たるもの、どのように選ばれようが、選ばれた以上、「全体の奉仕者」であり、また「全国民の代表」とみなされるということである。選挙に勝つためには、選挙区の有権者の利害に引きずられ、所属政党の支配を受けざるをえないだろうが、それでも代表は「全体の奉仕者」であり「全国民の代表」なのだ。

もう明らかであろう。代表制は、本質的に〝利益相反〟なのである。代表たちは、特定の集団の利害でしかないものを全国民の名の下に公共化しやすい。もちろん、現実社会において利益相反的状況はままあることで、それ自体がアウトというわけではない。選挙を通じて選出される以上、あらゆる代表が特定の利益代表であることをむしろ前提として、それが公開の議場における熟議によって全国民の意思へと変換されるのだという見方もありうる。しかし、議事日程を人質にして駆け引きし、多数派が開き直って説明責任を放棄するような、熟議の変換装置がはたらいているとは言えない国会運営を私たちはさんざん見てきた。議会政治は利益相反性をロンダリングする仕組みになってはいまいか。

なので、全体への奉仕に向けられていようがいまいが、全国民の代表であるという自覚があろうがなかろうが、特定利益の代表が織りなす議会内外におけるドロドロの政治的攻防の結果、どうにか法律が成立したことをもって、「全体の奉仕者」ならびに「全国民の代表」としての仕事が遂行されたものとみなす、という身も蓋もないフィクションが代表制なのかもしれない。

憲法は、代表制の本質的利益相反を隠蔽する役割を果たしていると言っては言い過ぎかもしれないが、実際、そうとしか言いようがないのである。「国民」は専制君主から主権を剝奪して新たな主権者となったものの、個別利害にがんじがらめになった「代表」が展開する政治闘争のアウトプットを、とりあえず主権者「国民」の意思とみなす……。個々の国民のアタマの上で繰り広げられるこの空中戦に対して、憲法的正統性を与えている憲法15条・43条は、「まあ、そういうもんですから、仕方ないでしょ」と開き直りに近い弁明をしているように映る（もちろん、この点を憲法学は無視してきたわけではない。代表制の持つイデオロギー性はかなり以前から指摘されてきたのも事実である［宮沢1967：185頁以下］）。この批判を踏まえて、ではどうするかであるが、この点、国民が内閣の政策プログラムの選択を通じて直接首相を選ぶことを可能にするような、徹底的な小選挙区制の導入により、議院内閣制を直接民主制的な方向で構造改革しようとする「国民内閣制」が提案されたことがある（高橋1994）。

†まずは、あからさまな利益相反をどうにかしよう

現行制度の下でも、国会議員・地方議員には種々の兼職禁止や兼業禁止が定められている（国会法39条、地方自治法92条、等）。なので、現行法制は、代表の職分について、権力分立の維持や政治的中立性の確保を重視しており、何より職務への専念を大切に考えていると言えるだろう。とは言え、潮流としては、議員のなり手がいない現状に対処するために、兼業禁止は緩和の方向に向かっている。

私が指摘する利益相反とは、そういった兼職や兼業とは異なり、選挙による代表制が抱えるもっと本質的・宿命的な利益相反である。選挙での勝利がおよそすべてである代表たちにとって、票を持っている特定選挙区の有権者、公認をくれる特定政党、支援をしてくれる特定団体は最も大切にしなければならない利益集団であり、無視できるはずがない。そういった利害に呪縛された代表が「全国民の代表」あるいは「全体の奉仕者」として振る舞っているということにされ、その政治決定に対してほぼ自動的に正統性が付与されるという仕組みは、時代の推移に関わりなく、そもそもアヤシイものなのである。

この宿命的な利益相反性は、代表民主制の宿痾（しゅくあ）のようなものであるから、それときれいさっぱりサヨナラすることは難しい。しかし、だからと言って、利益相反を疑う視点を丸ごと棚上げにする物わかりの良さを示す必要はない。あからさまな利益相反はやはりどうにかしないといけないだろう。

選挙制度や選挙運動についての〝ルール〟は代表たちが自分で決めている。憲法も法律事項として国会に任せている。これはゲームのプレイヤーがゲームのルールを決めてしまう利益相反の典型であり、それを抑制・緩和する手立てを工夫する必要がある（選挙制度の決定について「利益相反の危険性」を指摘し、憲法上の機関たる選挙委員会の設置構想を評価するとともに、その設計について留意すべき諸点を挙げるものとして、吉川2020：110－112頁）。

同様に、政党交付金やいわゆる文通費の仕組みについても、何らかの利益相反対策が必要であろう（種々の問題が指摘されてきた文通費［文書通信交通滞在費］は、2022年の法改正により、日割り支給に改められるとともに、「調査研究広報滞在費」に名称が変更された。ただ、その際、使途の公開は見送られ、また、使途に「国民との交流」が盛り込まれ、むしろ大っぴらに何にでも使えるようになってしまったと懸念されている)。

7 民主主義の再設計

†ここまでの流れの整理

まず、ここまでの本章の流れを整理しておこう。

(i)主権者をむやみに召喚する前に、政治的危機を通常政治の枠組に回収する努力をしよう。通常政治を取り戻すにはどうすればいいか。簡単な処方箋はない。ここ数十年、「熟議(deliberation)」という言葉が民主主義を蘇らせる切り札として注目を集めてきた。本章4節で紹介したサンスティィンは、エコー・チェンバーや集団分極化など、およそ熟議を掘り崩す現象を散々指摘しながらも、最後には、熟議の新たなトポスが各人の凝り固まった政治的選好を解きほぐしてくれることに期待をかけている。

(ii)熟議に問題解決を期待するだけの「優等生的解答」ではだめだ。熟議どころか、対質を避け、説明責任を放棄した政治の姿に私たちは辟易している。静穏な状況では熟議は起こらない。何らかの〝対抗性〟を投げ込まなければならない（思考実験の一案として本章4節で触れた「熟議院」と「計算院」の対抗）。政治的選好を解きほぐすには、まず明確な対抗性をもったアジェンダ設定がなければ、選好変容をめぐる熟議は発動しようがないだろう（例えば、2001年の中央省庁再編も内閣機能の強化が大きな柱であったように、わが国では、政治的な〝求心力〟を高めることに関心の多くが集中し、〝対抗性〟についてのそれは乏しかったように思われる。〝求心力〟と〝対抗性〟は相補的関係にあり、後者を欠いた前者は空転する他ないだろう）。

(iii) あらゆる論点を政治化し、「イヤなら選挙で政治家を落選させればいい」「現状に不満なら選挙に出て政治家になれ」という、選挙至上主義的な言説にしばしば接する。が、選挙には限界があり、ある種の欺瞞性を抱えたものであることは、今や自明のことになりつつある（本章5節）。また、民主主義の言い換えである「自己統治」には〝自己規律〟という含意があり、それに従えば、民主主義は自らに対して批判的に構えることを可能にする外部の規範と裁定者を実装する必要がある。さらに、そもそも、議員たちの政治闘争とその帰結を「全国民の意思」と強引にみなしてしまう代表制民主主義は本質的な〝利益相反〟性を抱えている（本章6節）。

(iv) 熟議を期待するだけではなく、むしろ熟議を強い、熟議を偽装させないような〝対抗性〟を民主主義の中に埋め込むにはどうすればいいのか。選挙という祝祭的瞬間の持つ熱量は無視できないものの、限界を抱えた選挙を絶対視せず、「選挙とはそういうものだ」と横目で見つつ、選挙に依存しない民主主義、代表制に頼らない民主主義のあり方を構想し、実装の隙をうかがう時期に来ているのではないか。

以上のような観点から、本書で既に触れたものも含めて、民主主義の再設計についていくつかの提案を紹介しておきたい。

†アルゴリズム

本章4節で、東浩紀の「一般意志2.0」と彼の「無意識民主主義」を紹介した。そこでは、ネット・ユーザーが生み出す膨大な閲覧履歴や無数のツイートからなるデータの集積を素材にアルゴリズムが人々の「無意識の欲望のパターン」を計算予測する。東にとって《主権＝一般意志》とは、《データベース》あるいは《データベースの中に存在する均されたみんなの望み》ということになる。彼は、データベースに基づく民主主義と熟議に基づく民主主義を対置させ、両者の相補的な対抗によって展開される議会政治を構想している（意識的コミュニケーションが織りなす「熟議民主主義」vsデータベースによる無意識的欲望の抽出を基礎にした「無意識民主主義」)。

この着想にならい、私は、政府あるいは議会事務局に〝計算部局〟を設置し、データベースに基づく計算結果を政策形成に反映させることや、両院制を改めて、〝熟議院〟と〝計算院〟に改組することを思考実験的に提案した。

熟議院は、伝統的な政治言論に磨きをかける議院で、フェイクや権力ビジネスや分断が横行するだろうが、それはそれ、ポリティクスとはそういうものと割り切りつつ、熟議の偽装や職務怠慢をさせないために、データベースとアルゴリズムを武器にした計算院を対抗させ、両院の応酬を通じて、理性的かつ合理的な熟議の成立、あるいは少なくとも混沌の中にはっきりとした対抗的な言説や争点を浮かび上がらせることが期待できる。計算院の議員は選挙ではなく猟官的にリクルートされる。選挙に代わる民意の集約の仕組みとしてアルゴリズムを導入し、それを伝統的な熟議の政治と対抗させるのである(念のために繰り返しておくと、私は「選挙」も「アルゴリズム」も同様に信用できないと思っているし、また双方ともそれなりに有用であるとも思っている)。

このような方向性をさらに突き詰めたのが、経済学者の成田悠輔が22世紀を見据えて提案している(東と同じく)「無意識民主主義」である(成田2022:第4章)。成田の無意識民主主義の特徴は、データの収集や処理、そして最終的政策決定までの一切をアルゴリズムが行う点にある。まず、投票の結果、モニターされた行動、センサーによって得られた生体情報、等々の入力データを闇鍋のように貪欲に飲み込み、意思決定アルゴリズムを通じて、①まず、民意データから論点ごとに、そもそも人々は何を政策によって達成したいと考えているか——すなわち「価値判断の基準」や「目的関数」——を読み取り、②次に、かかる民意データに加え、GDP・失業率・健康寿命などの成果指標データを組み合わせて、目的関数を最適化する政策選択をはじき出す（①の価値基準や目的の発見をエビデンスに基づいて行うとするところが成田の特徴でもある。成田2022：162—163頁、165頁、185—186頁）。もちろんアルゴリズムも歪みから自由ではない。が、それは多くのアルゴリズムの平均化によって安定化する。無意識民主主義ではアルゴリズムそのものが多元化され、かつ競争状態に置かれるのであって、まさにその意味でも民主主義的なのだ（成田2022：183頁）。

こうした成田の構想は、人々の意識的関与を必要としない政策選択、ありていに言えば、入力においても出力においても人の姿が消去された民主主義の実装を示唆している。あるのは、アルゴリズムの多元的競合によって駆動される「常時接続の選挙なき社会的選択」（184頁）だけである。東の構想や私の思考実験と異なり、議員も議会も必要としない（人にできるのは無意識的に放出しているデータを意識的に補正しようと努力することくらいであろう)。政治家や官僚は政策機械に代替され、意味もなくちやほやされたかと思えば、突然理不尽に責任を追及される「アイドル・マスコット・サンドバッグ」となり、やがてそれもアバターに取って代わるのである(成田2022：216―236頁)。

以上のような構想や提案は、夢や冗談あるいはせいぜい思考実験の類と思われる向きも多いだろう。でも、近寄ってはいけないと思えば思うほど、そっちに近寄っていくのが人間であり社会というものだ。そして、そっちにしかどうやら希望がなさそうだとなれば、怒濤のように突進していくかもしれない。そんな未来イメージであるように私には思える。

が、実のところ、不思議な魅力も感じる。私は、「ここまでの流れの整理」で、熟議民主政のひとつの型である〝対抗性〟を民主主義の中に多元的に埋め込むことを提案していた。それはとりもなおさず、選挙に依存しない民主主義、代表制に頼らない民主主義を目指し、いわば既存の民主主義を相対化し、従前の政策形成過程さらには政治そのもののプレゼンスを縮減させることを目指している。

が、アルゴリズム民主主義はそれを超える地平を目指している。対抗性を演出するため極端にイメージ化された政治プレイヤー(主権者、有権者、市民)をカテゴリーごとにそれぞれ対抗性のあるチームに分け、競争させて、代表選手を選び出すという政治ゲームそのものの限界を成田は指摘している。むしろ、政治プレイヤーであろうが非プレイヤーであろうが、およそ人々の属性や党派性さらには個性すらも超えて、「ヒト」として平準化し、計算可能なデータの集合として扱う〝民主主義〟を提案する。

そのような近未来が醸し出す一定の誘惑に私は惹かれつつなお警戒するのは、計算可能なデータの集合としての〝民意〟が、〝主権者の意思〟としてのステータスを獲得し、本書で批判的に考察してきた〝主権者への懐疑〟が装いも新たに立ち現れるのではないかと感じるからである。

さて、そういった異次元の社会地平は第4章5節の後半で再び触れるので、ここではひとまずおいて、思いっきり足元近くに視点を引き戻すと、「データ活用」自体は既に提案としては繰り返し主張されており、政策の現場でも、現実味を帯び、その推進が図られている(むしろ、ありふれた提案にさえなっている)。

例えば、欧米では盛んであるEBPM(Evidence-Based Policy Making:証拠に基づく政策立案)という考え方は、我が国でも2017年に統計改革推進会議が、統計業務の見直しや統計機構の一体性確保とその活性化を打ち出し、それらを受けて、同年8月から内閣官房IT総合戦略本部の下に「EBPM推進委員会」が設置され、活動を続けている(デジタル庁の発足に伴い、2021年10月に同庁へ移管)。

まだまだ政策評価に軸足を置いたデータ活用が中心のような印象も受けるが、

COVID-19においてデータ分析が注目されたこともあり、今後は確実に政策提言や政策立案、さらには政策執行にも及ぶことだろう。データ分析に基づく計算の政治は、そのようなところから推進されるべきであり、もっと加速されていい。無意識レベルでのアルゴリズム民主主義の実装にはまだまだ道のりは長そうであるが、政策形成におけるデータの積極活用一般についてはそれに歩み出す背景的理由だけは既に十分すぎるほど共有されているのではないか。

†くじ引き

このところ、「くじ引き民主主義」が話題になっている（吉田2021）。これは、会議体のメンバーを〝くじ引き〟で選ぶ試みであるが、議会のメンバーを全員くじ引きで選び出そうという主張・実践ではない。むしろ、現行の代表制議会を前提として、その熟議プロセスにくじ引き的要素を組み込み、補完しようとするものである。また、既に国内外で多彩な実践例を数えることができる。なので、一瞬ギョッとするが、決して奇矯な提案ではない。

アイルランドの「憲法評議会（Constitutional Convention）」の例を見てみよう。これは、憲法改正提案を検討するために、2012年、議会の決議によって設置された機関である。

委員長1名、29名の国会議員と4名の北アイルランドの政党代表、66名の無作為抽出により選ばれた一般有権者（年齢・地域・ジェンダーのバランスを考慮して統計会社が抽出する）の計100名から成る。

この憲法評議会は、大統領の任期短縮、同性婚、選挙権年齢の引き下げなど8つの必要的検討事項と、評議会自身が設定する2つの任意的検討事項を取り扱うことを付託された。事前に配布された専門家のペーパーを、ファシリテーターと書記の参加を得て議論し、翌日に再度反省的に議論を行うという形式である（総会の様子はライブ・ストリーミングされる）。

評議会は独自の改憲提案を政府に提出するが、政府はこれに従って改正を行う義務はないものの、公式に対応し、議会で議論することが求められる。2012年12月から2014年3月まで9回の会議がもたれ、評議会の提出した9つの改憲提案のうち3点が国民投票にかけられた。その結果、2015年に同性婚を導入する第34次憲法改正が、2018年に神への冒瀆罪（ぼうとくざい）を廃止する第37次憲法改正が、それぞれ成立した。

憲法評議会における〝くじ引き〟のアイディアは、2016年の「市民会議（Citizen's Assembly）」に引き継がれている。これも、憲法問題を含む重要な政治問題を検討するために両院決議によって設置されたもので、1名の議長（最高裁判事）と、年齢・地域・ジェンダーのバランスに配慮した無作為抽出による99名の有権者から成る。

市民会議が最初に検討したのは中絶問題である。中絶が禁止されていたアイルランドでは中絶を希望する者は英国渡航を強いられており、国連からも改善を迫られていた。2016年11月から2017年3月までこの問題を議論した結果、市民会議は、中絶禁止を定める憲法条項に改変を加え、中絶を法制化する議会権限を明記すべきことを提案した。議会での議論を経て、市民会議の提案は第36次憲法改正案に引き継がれ、2018年、国民投票により承認された。

くじ引き的要素のある熟議システムは、ポピュリズムに道を開くという批判があるものの、カトリックが多く、この論点については保守的な価値観を長く維持してきたアイルランドで上記の〝革命的な〟提案が実現したことは、新しい民意の実現手段として注目せざるをえないだろう。

「くじ引き民主主義」の類型には、常設/アドホックの別や、結論に法的拘束力があるもの/諮問に応じるにとどまるものの別、公権力主導のもの/民間イニシアティブによるものの別があり、既に国内外で多様な実績・試行例がある（吉田2021：第2章）。

「くじ引き民主主義」の重要な含意を3点ほど指摘しておこう。

まず、第1に、その標本抽出の手法についてである。主唱者である政治学者の吉田徹によれば、「くじ引き民主主義」が満たすべき条件として、①統計的代表性を確保すること、②事前に十分な情報提供があること、③市民による討議がなされること、④透明性を確保しつつ参加者の匿名性に配慮すること、を挙げている（吉田2021：104―109頁）。いずれも重要な条件であるが、①の統計的代表性は特に興味深い。

「くじ引き民主主義」に言うくじ引きとは単なるくじ引きではない。「無作為抽出された市民は、母集団となる国民・市民の人口構成に近いサンプル（標本）にならないといけない」という統計的代表性を充たすことが求められる。選挙には有権者の多様性が反映されるとは限らず、それどころか、多彩な有権者のプロフィールは与党議員の共通属性に刈り込まれ（見事に同質化していると言われる）、母集団のごく限られたプロフィールしか投影されない。選挙は、国民の限られたプロフィールをあたかもそれが国民すべてであると言わんばかりに極大化している。これに対し、ランダム・サンプリングとも言われる無作為抽出法は、標本調査のひとつの手法で、母集団に属するどの単位体・単位量も等しい確率で標本に抽出されるように配慮して、母集団全体の傾向がいわば縮図化されたような標本作成を可能にする（実践的には、ジェンダー、職業、居住地域、年齢、所得、学歴、等が指標とされるだろう）。

しばしば、選挙の機能として「反映」と「集約」が挙げられることを想起してほしい。

反映とはバラバラな民意をそのまま結果に転写することであり、集約とはバラバラな民意をひとつにまとめあげることであって、選挙はこのある意味で相反する機能を担わされている（反映型の典型が比例代表制で、集約型のそれが小選挙区制）。無作為抽出による「ミニ・パブリックス」の形成は反映型の思考を突き詰めたものと言えるだろう。

第2に、くじ引きが生み出す「偶然性」の哲学も傾聴に値しよう。なんらの必然性も含まない機械的処理が生み出す、異見や他者との偶然の出会いは、人の視点を普遍化させる可能性がある（吉田2021：169―171頁）。もっとも、偶然性がもたらし得る含意はそれにとどまらないように思える。くじ引きは、「福引き」や「おみくじ」のように僥倖をもたらしてくれるようなものや、「ババ抜き」や「貧乏くじ」のような災厄をもたらすようなものもある。人為や必然を通り越した偶然の中に、人々は「天命」を読み取り、偶然の選択を逆に必然的かつ運命的な選択として受容するかもしれない。また、引いたくじが、極端にハッピーなものであろうが、どれほど不愉快なものであろうが、「しょせん、くじなんだから」とゲーム感覚で流すことができる「救い」もある。そういった感覚の総体が民主主義を換骨奪胎するものと理解したい。

第3に、「くじ引き民主主義」をアレンジすることそのものの熟議性も大切である。政府や議会が設定する公的セクター主導型でも、民間団体や市民が主導するものであっても、サンプリングをどうするのか、討議プロセスをどう設計し、ファシリテーターをどう準備するのか、討議の結果にどのような意味を持たせるのか(諮問的なものなのか、拘束的なものなのか)。これらの諸項目をかなりの時間をかけて、関係各方面と交渉し、くじ引きイベントを企画立案・実行すること、それ自体の民主主義的価値や市民社会論的価値は大きいように思われる。

†国民投票

選挙による代表民主制は、有権者が直接国政等に関与するのではなく、代表を通じて間接的にコミットする間接民主制である。ギリシャの昔に戻って全面的な直接民主制(直接制)に統治を組み替えるのは難しいとしても、直接民主制的な制度を一定の範囲で部分導入することは古今東西行われてきたところである。また、選挙の宿痾(しゅくあ)がはっきりしつつある今日、直接民主制的な仕組みの導入は広く注目され、かつ期待されているようである。

その類型には、①国民表決(referendum)(議会で発議されはしたが、それ自体ではまだ未完の案件を、国民の投票に付すことによって最終的に確定させること)、②国民拒否(popular veto)(ある国家意思が成立した後、一定期間内に国民投票に付して、その国家意思の効力を存続させるか否かを決すること)、③国民発案(initiative)(法令制定等の国家意思形成について国民に発案権を認め、発案が成立した場合、国民投票や議会審議に付すこと）、④諮問型国民投票（法的拘束力を持たない参考にとどまる国民の意思表示。為政者が恣意的にその正統性を調達するために仕掛けるおそれがあり、そのような諮問型国民投票の政治利用を揶揄する意味でプレビシット［plebiscite］と呼ぶ場合がある）、⑤国民解職（recall）（公職者を任期満了前に解職すること）、がある。これらを総称して「（広義の）国民投票」と呼ぶことが多い（多彩な制度を、とりわけ「住民……」である場合もひっくるめて、「国民投票」と一括するのは適切さを欠くように思われる。が、まあそう呼ばれている。なお、⑤国民解職は間接民主制に属すると見る立場からは国民投票のカテゴリーからは除外することがある）。

日本の現行法制では、②の国民拒否に相当する仕組みは見当たらないが、その他は種々制度化されているところである。

まず①につき、憲法上の制度として、憲法改正国民投票（憲法96条）と地方自治特別法の住民投票（同法95条）がある。

③については、自治体住民による条例の制定・改廃の直接請求（首長に対して請求され、地方議会の審議に付される）（地方自治法74条）と、住民監査請求（自治体の監査委員会に対してなされる）（同法75条）がある。

④であるが、通例は、住民投票を可能にする条例（住民投票条例）を制定して特定の論

点について実施されるが、近年では、これを恒常化して自治体の重要政策について随時投票を行えるようにするタイプの条例も増えてきている（自治体基本条例に盛り込むケースも散見できる）。しかし、国政レベルの諮問型国民投票を法律で導入した例は存在しない。

⑤については、憲法上の仕組みとして最高裁判事に対する国民審査（憲法79条）、地方自治法が定める自治体住民による直接請求として、自治体の長や議員の解職、地方議会の解散、主要職員の解職が既に制度化されている（地方自治法76条から88条）。

教科書的な記述が長くなってしまったが、いずれにしても選挙中心主義的な代表民主制に対する補完あるいはカウンターとして、以上の直接制的仕組みの活用が、近年注目されている。世界では、国民投票大国であるスイスをはじめとして多くの実施例が見られる（18世紀末から2017年までの2530件以上の実施例のうち、重要な755件を抽出し、解説したものとして、今井2017：16—74頁）。中でも、2015年に制定された欧州連合国民投票法に基づき翌年実施された英国のブレグジットをめぐる国民投票が印象深い。

他方、日本では、住民投票条例等の制定によって、原発や基地の問題をめぐる住民投票の実施が相当数にのぼり、平成の自治体大合併のときには、解職請求や解散請求が盛り上がった。また、いわゆる大阪都構想が、大都市地域特別区設置法に基づいて行われた住民投票で二度にわたり否決された例（2015年、2020年）など劇的なケースも記憶に新しい。そして、憲法改正国民投票法の成立(2007年)を経て、改めて国民投票への関心が高まってきている。

原発問題や憲法9条改正を中心に国民投票・住民投票の活性化を一貫して訴え、とりわけ諮問型国民投票制の導入を熱心に勧めてきた今井一は、国民投票の利点ないし意義について次のように述べている(今井2011:33—35頁)。

まず第1に、選挙は「人を選ぶ」が、国民投票は「個別政策について意思表明する」ことができる。選挙でも個別政策が公約として提示されるものの、有権者が個別に取捨選択はできず、せいぜい包括同意がなされたと擬制されるにとどまる。あるいはそもそも明示的に提案されていたとも言い難いような政策についても同意が偽装されることすらある。したがって、第2に、選挙では「人」についてA党所属候補に投票しつつ、個別政策については国民投票でA党と異なる政策に一票を投ずることによって、有権者の意向が多元的かつ正確に政策形成に反映できるようになる。

もちろん、国民投票制の導入には根強い反発がある。その代表的なものが、国民や住民には個別政策を判断する十分な知識がないから、国民投票は熟議なき衆愚を極大化させるだけだ、というおなじみの批判である。衆愚の意味にもよるが、本書の基本的トーンは、民主主義はそもそも〝衆愚〟の危険を宿命的に内包しており、そのブレイクスルーの力を畏れかつ期待する政治制度と理解しているので、国民投票が〝衆愚〟に流れるのは当然の話で、むしろそれを巻き起こすためのものと言えよう。そもそも、国民投票を行う有権者は愚かであるが、選挙で人を選ぶ有権者は賢明であるとでも言うのであろうか。おそらく等しく〝愚か〟であるはずである。

2004年にスイスで、更生不可能な性犯罪者等の永久拘禁を可能にする憲法改正の是非が問われた。強姦の累犯の犠牲になった被害者とその家族が自宅を事務所代わりにスタートさせた運動が国民発案に必要な10万筆（有権者の2パーセント）を超える20万筆を集め、発議権を手にした。政府や人権団体からの干渉を受けつつ、国民投票にこぎつけ、上述の永久拘禁は賛成多数を獲得した（今井2017：184—192頁）（この国民投票によってスイス憲法123条a項が追加された）。

ごく少数の市民が始めた運動が憲法改正につながるダイナミズムに彼我の差を感じるが、激情にかられて刑事法や人権の基本構造を大きく変えてしまうポピュリズムをこの事案に見て取ることもできるだろう。が、本国民発案はポピュリズムや衆愚と切って捨てることのできない叫びが込められていることも事実である。憲法の次元でしか調停できない政治問題であり、国民の直接的な意思表明によって決着するしかない両義的・背反的価値対立である。その意味ではまさに国民投票の出番である。愚かか賢いかがあらかじめはっきりしているような論点については国民投票に出ることを阻止すればいい。

国民投票がなされるにしても、回避されるにしても、そこで浮上した、両義的・背反的価値対立をめぐる国民の叫びはしっかりと受け止められる必要がある。わが国では、憲法改正国民投票法の制定プロセスにおいて、一般的な（諮問型）国民投票制度の導入についても一時議論されたことがある。しかし、「諮問型と言っても、事実上の拘束力がある」との理由で与党が難色を示し、その後検討すらされていない状況である。国民投票までやって、事実上の拘束力すら生まないわけがない。国会はそれを真摯に受け止め、真正面から対峙すればいいのであって、スイスのように対抗提案を提示してもいいし、最高機関なのだから声明を出して拒否することもできる。

熟議なき衆愚の極大化が問題であれば、熟議的要素を織り込んだプロセスを考案すればいい。もとより〝衆愚〟を慎重に取り扱い、そのエネルギーを閉塞状態や不正状況の打破に活用するのが民主主義であり、直接民主制的な制度の運営であればなおさらである。プレビシットに利用される可能性も含めて、直接制はリスキービジネスなのである。

この点、先述の今井一は、国民投票に出るには、「主権者として、投票前に一人ひとりがその案件についてできる限り学び、話し合い、考えなければならない」とし、それは「国家意思を決めるという重大な権利行使をする者が果たす当然の義務だ」と喝破する

（今井2011：150頁）。主権を〝取扱い注意〟と見る本書の観点からすれば歓迎したい言説である。

先に紹介したスイスの事案は、国民発案による発議権の獲得から国民投票の実施まで4年の歳月を要し、その間、全国的な規模で〝熟議〟が展開された。我が国の憲法改正国民投票についても、既定の改正提案に対して国民からお墨付きをもらう儀式にとどめるのではなく、今井の言う義務論を実質化するために、改正内容の当否だけでなく、改憲を提案・検討・決定するプラットフォームを、主権者国民を巻き込むかたちでどのように設計するか、それを各政党には競い合ってほしいものである。

†法の支配

民主主義の再設計には、民主主義の外部からの入力である「法の支配」の再設計が欠かせない。

民主主義の祖型を生み出したアテナイも、紀元前415年から始まったシチリア遠征の失敗後、寡頭（かとう）政治の台頭と民主政の復活を何度か繰り返した。その際、民主主義をより着実なものにするために、前5世紀ごろに導入されたと言われる「違法提案に対する告発（グラフェー・パラノモン［graphe paranomon］）」の制度が興味深い（フィンリー2007：

49―51頁）。民会において「違法な提案」がなされると、提案者は公訴の提起を受け、民衆法廷の審理を経て処罰される。民会の決定も無効になる。このようなグラフェー・パラノモンの導入によってアテナイの民主政は安定的に発展したとされる。

これは、「法（ノモス）の地位を高めるべく、通常の民会の決議と法を明確に区別した」ことを前提にするもので、「はるか後年の違憲立法審査権を思わせる仕組み」である。かかる「法の支配の実現」によって「アテナイの民主主義は単に続いただけでなく、間違いなく進化を続けた」と評価されている（宇野［重］2020：77頁）。

ただし、グラフェー・パラノモンは、法服エリートによる判断によるのではなく、抽選で選ばれた者たちから構成される民衆法廷において下される「デモス」の判断によるものである。つまり、司法部という別の部門が立法部を掣肘（せいちゅう）する「はるか後年の違憲立法審査権を思わせる仕組み」とは異なり、デモスがもう一度民会提案を再検討する仕組みであった（フィンリー2007：50頁、166―167頁）。

とは言え、民会構成員が有する「イセゴリア（自由な発言権）」を処罰の威嚇によって制限するのであるから、単なる決定のやり直しとは異なる含意があるし、抽選にせよ〝選ばれた特別な人々〟が法廷という形式を通じて行う覆審的（ふくしんてき）構造は、「法の支配」に通ずるものがあると言えるだろう。ある意味で、アリストテレス的貴族政治が居場所をもったとも言えるだろうか（裁判官は、時に、法服貴族［フランス］、法貴族［イギリス］と呼ばれる）。民主主義の内的論理から出てこない外部規範による裁断によって民主主義の安定を確保する設計思想が垣間見られる。

このように昔から民主主義は、政治と区別された法によって裁断される審級を、つまり外部を、その安全装置として必要としている。法の支配がきちんと機能することが民主主義の設計にとって重要であることは、民主主義の歴史に刻まれた一大教訓である。現在も、その方向に出る提案が多様になされている。例えば、既存の違憲審査制を活性化させること、最高裁に憲法審査部を設置すること、憲法を改正してドイツや韓国のような憲法裁判所を導入すること、等々がある。

あまり注目されているとは言えないが重要な提案として、いわゆる「国民訴訟」の導入も考えられる。現行法制では、地方自治体の公金の支出に違法が疑われる場合、住民の直接請求の一環として監査委員会に監査請求ができるが、それに不服がある場合、税金の使い方の違法性を住民が裁判所で争う仕組みが用意されている（地方自治法242条以下）。これは「住民訴訟」と呼ばれるが、国政レベルでこれに相当するもの（つまり「国民訴訟」）は存在していない。これの導入は、おそらく実質的に違憲審査制を活性化させ、かなりのインパクトをもたらすだろう。

日本の行政官については、時に、法的完全主義あるいは無謬主義の強迫観念に陥っているのではないかと思わせるところがある。違憲審査や国家賠償請求などの訴訟によって万が一にも敗訴することは絶対に許されないと考えているフシがある。違法行為が垂れ流されてはたまったものではないので、そういう気概を持って職務に臨むのは大切であると思う。が、政治部門と司法部門を分けた権力分立原則がある以上、国民にとって最良の政策は両部門の抑制と均衡によって形成されるはずである。法的完全性や無謬性はハナから想定されていないのである。国家無答責を否定して、国家賠償の仕組みが導入された以上、行政が誤ることは当然の前提であり、だからこそ、誤ってもいいように国家賠償法がある。国賠請求が認められることが本当に少ない現状は、国家無答責の伝統、あるいは国家無謬性の発想がどこかでしっかりとうごめいていることを例証しているのかもしれない。政治と法の対抗性とその拮抗がもたらすバランスが統治の常態であるという意識改革が求められる。

†民間法制局?

法の支配の確保のためには、政治の外部に置かれた裁定機構によって法的統制がなされることが重要であることは言うまでもないが、政治の領分である「立法」そのものがまともに行われることも大切である。そのためには、〝民間臨調〟などと呼称されるプラットフォームが広く在野の識見を集め、政府与党に先立って政治改革や行財政改革を提案していくことには大きな意味がある。また、在野の専門家たちが具体的な法案を作成してみせることによって立法提案を行っていく〝民間法制局〟のようなシンクタンクを創設してもいいかもしれない。

先述の国民発案においても、発案の前提となる政策提案や条例案作成の作業をこれらの機関が請け負ってもいい。もちろん、それには政策形成やその検証のための情報資源がきちんとアーカイブされ、データベース化され、そして、適切に開示・公開されることが前提である。オープンデータをシビック・テックを通じて民間が活用する例は、既に国内外で実践されている。

こうした市民社会からの改革提案・立法提案が、政府や国会の提案や構想と比較されることによって、より良き政策と立法が実現することが期待できる。本来、これらの提案機能は政党が担うべき役割であったはずだが、現実は選挙対策に明け暮れざるをえないのであまり期待できそうもない。政党はむしろこれら民間機関からの提案に対していかなるスタンスを取るかでその政策態度についての査定を受ける立場に立たされることになるだろう。選挙のみに依存せず、代表制に頼り切らない民主主義を立ち上げるには、このような民間機関と政府・国会との間の非制度的な交渉が、選挙のような制度化された回路における民意調達と並んで、あるいはそれ以上に、重視される社会環境を用意する必要があろう。

第 4 章

市民社会

1960年6月18日「安保改定反対6·18統一行動」デモに集まった群集(photo=朝日新聞社)

本書では、序章において、日本国憲法に登場する「国民」たちの相貌に関する「見取り図」を示しておいた。そこで略述したように、「国民」には、①主権者、②有権者、③市民、という三つの役柄があてがわれている。主権者とは、主権を有する国民であり、典型的には憲法改正（憲法96条）を行う国民である（正確には、国会の発議した改正案に対する承認権を行使する国民）。有権者とは、選挙において「固有の権利」（憲法15条1項）を行使する国民である。

さて、「市民」とは何であったか。簡単に振り返っておこう。日本国憲法第3章のタイトルは「国民の権利及び義務」となっている。ここでの国民は、種々の権利の保持者であり、かつまた義務の負担者でもあるが、そのような国民を本書では「市民」と呼んでいる。市民は、保障された多彩な基本的人権を駆使して、自分自身の人生を謳歌（おうか）しようとする。私的な世界を自由に構築し、私的利益をとことん追求することができる。

しかし、時として、集会・結社の自由や表現の自由を、社会的連帯を強めるために、あるいは、政治をただすために行使することがある。また、財産権や営業の自由は社会共通のシステムである市場の維持保全や他者との共存の観点から、制約を受けたり、保護を与えられたりする。そういう文脈において、国民は、私的領域と政治的領域の連絡を媒介する空間領域である「市民社会」のメンバーとして行動し、またそれを支えるための共通の負担を覚悟することになる。

その意味で、憲法12条が、「この憲法が国民に保障する自由及び権利は、国民の不断の努力によつて、これを保持しなければならない。又、国民は、これを濫用（らんよう）してはならないのであつて、常に公共の福祉のためにこれを利用する責任を負ふ」と定めているのは非常に含蓄があると言わざるをえない。本来、勝手気ままがゆるされるはずの自由や権利につき、市民には、それを維持するための「不断の努力」が求められ、さらに、公共のために「これを利用する責任」が課されている。このように社会を支え、政治と私的世界の媒介に腐心し、公共的負担を引き受ける国民が「市民」なのである。

第1章と第2章では主権者について論じた。第3章は、有権者とそれが支える「民主主義」について語った。第4章は、市民とそれが支える「市民社会」について考えることにしたい。

1　砂川判決再訪

本書のテーマは主権ないし主権者である。対して、本章のトピックは市民社会ないし市民である。主権と市民社会、あるいは主権者と市民の関係が明確に主題化されることはほとんどない。主権者／有権者／市民の3者は実は同じ「国民」が有する異なった3つの相貌なのであるが、この3相は統治のレイヤーで区別され、ある種の政治階層をそれぞれが代表している。特に、主権者と市民は、その間に有権者という比較的しっかりと制度化された相が挟まれていて、両者がどのように関わり合うのかは見えにくい。

この点、主権者と市民の関係の一端を考察するための格好のトピックがある。いわゆる「統治行為論」がそれである。「統治行為論」とは、大要、裁判所は法的紛争に対して判断を下す権限と責務を負っているが、ある法的紛争が高度の政治性を有する場合は、裁判所は司法的判断を行わない、という法理である。少々遠回りになるが、まず、この統治行為論を打ち出した、1959年末の「砂川事件判決」を説明し、次に、そこに現れた主権者論、市民社会論を多角的に検討してみたい。

†砂川事件とは?

砂川判決こそは、日本の最高裁判例の中でも屈指の重要判決であり、かつ、戦後、憲法9条がたどる命運を決した基本判決である。2015年の安保法制成立の前後から、ふたたび時代のフロントラインにひっぱり出された。

1955年、東京都下の立川市に展開されたアメリカ空軍基地の拡張工事は、同市の砂川村に及びつつあった（ちなみに私は立川市砂川町［後に若葉町］に20年以上住んでいたことがある）。拡張に反対する地元住民（とりわけ農民）・労働組合員・学生の活動は徐々に激化し、ついに、抵抗者たちは境界を乗り越え基地内になだれ込んだ。立ち入り・不退去によって逮捕された者たちは、通常の刑法よりも重い刑事特別法上の罪に問われた。この刑事特別法は日米安全保障条約に基づく行政協定に由来するものだったのである。被告人はこの日米安保条約が憲法9条に違反することを理由に、刑事特別法の存在を否定して無罪を主張した。これが砂川事件である。

1959年3月に下された第1審東京地裁判決において伊達秋雄裁判長は、駐留米軍は憲法9条が禁ずる「戦力」に該当し、日米安保は違憲であるとして、被告人を無罪とした。のちに〝伊達判決〟と固有名で呼ばれることになるこの判決に政府はあわてた。翌年1月に安保条約の改定を控えていたからである。検察による異例の跳躍上告により、事件は最高裁に係属した。スピード審理を経て、同年12月16日、最高裁は「統治行為論」を使って、安保条約に対する明確な憲法判断を回避し、原判決を破棄した。

†9条の命運（その1）——解消されない憲法上の疑義

この砂川判決はおよそ3つの点において、戦後の9条論の〝命運〟を規定してきた。主権と市民社会に関する考察に行きつくには、これら3点について概観しておく必要がある。今しばらくお付き合い願いたい（詳しくは、英語文献であるが、Komamura 2021 参照）。

実は、砂川判決は純粋な意味での統治行為論を採用しているわけではない。同判決は次のように述べていた。

「安全保障条約は、……わが国の存立の基礎に極めて重大な関係をもつ高度の政治性を有するものというべきであって、その内容が違憲なりや否やの法的判断は、その条約を締結した内閣およびこれを承認した国会の高度の政治的ないし自由裁量的判断と表裏をなす点がすくなくない。それ故、右違憲なりや否やの法的判断は、純司法的機能をその使命とする司法裁判所の審査には、原則としてなじまない性質のものであり、従って、一見極めて明白に違憲無効であると認められない限りは、裁判所の司法審査権の範囲外のものであ」る。

典型的な統治行為であれば、違憲性が明白であろうとなかろうと、その争点について裁判所は判断しない。が、砂川判決は、憲法適合性の判断を全面的に放り出したわけではなく、「一見極めて明白に違憲無効である」場合には、判断権を留保することをほのめかしている。本判決は、結論として、安保条約を一見極めて明白に違憲ではないと判断した。もっとも、本判決は、米軍の駐留につき「憲法9条、98条2項および前文の趣旨に適合こそすれ」と述べており、その意味では合憲判断を下していると見ることもできるかもしれない。しかし、そうなると、《一見極めて明白に違憲無効》である場合に限って、司法審査が及ぶと述べた論理はどうなるのだろうか。《一見極めて明白に違憲無効ではない》と《合憲である》は同じことではない。また、《とりあえず有効なものとして扱う》と《合憲なものとして扱う》も異なる。

いずれにしても何か中途半端で、奇妙にこんがらがった論理である。安保条約に関する憲法上の疑義はすっきりと解消されずに残った（2020年、本件を担当した足立義勝調査官のメモが発見され、そこでは「論理の一貫性を欠く」との指摘がなされている）。

要するに、統治行為の憲法適合性は不安定な基盤の上に立たされることとなった。国の存立にかかわる高度の政治性を有する統治行為は、安保条約の締結だけに限られない。憲法9条にまつわる統治行為、つまり、自衛隊の設置・運営、集団的自衛権行使の限定的容認、等々にも、裁判に持ち込まれれば、この砂川判決の法理が適用されるだろう。どこかで割り切って読まない限り、もやもやが残る論理が今後も利用される可能性がある。このような状態は、高度に政治的な憲法問題を不安定化させるとともに、憲法9条の規範的力も同時に不安定にさせる。なので、もやもやを晴らすための別な装置が必要になる。

†9条の命運(その2)――ふたつのオプションの並置

2点目は、次の判示部分にかかわる。

「わが国が、自国の平和と安全を維持しその存立を全うするために必要な自衛のための措置をとりうることは、国家固有の権能の行使として当然のことといわなければならない。すなわち、われら日本国民は、憲法9条2項により、……いわゆる戦力は保持しないけれども、これによって生ずるわが国の防衛力の不足は、これを憲法前文にいわゆる平和を愛好する諸国民の公正と信義に信頼することによって補ない、もつてわれらの安全と生存を保持しようと決意したのである。」

この引用部分には、「必要な自衛のための措置をとりうること……は当然のこと」と書かれている。これに着目した自民党の高村正彦副総裁(当時)は、安保法制論議の最中、2015年6月11日の憲法審査会において、最高裁は「必要な自衛のための措置」について個別自衛権も集団的自衛権も区別していないのだから両方とも容認している、と語ったことがある。が、これは誤読である。判決は上記に続けて次のように述べている。

「そしてそれは、必ずしも原判決のいうように、国際連合の機関である安全保障理事会等の執る軍事的安全措置等に限定されたものではなく、わが国の平和と安全を維持するための安全保障であれば、……、憲法9条は、わが国がその平和と安全を維持するために他国に安全保障を求めることを、何ら禁ずるものではないのである。」

この箇所から明らかなように、砂川判決が容認しているのは、「他国に安全保障を求めること」であり、日本が他国に安全保障を提供することではない。つまり、同盟国の集団的自衛権を利用することが認められているにすぎない。

しかし、ここで私が強調したいのはそのことではない。上記引用部分では、国際連合による「軍事的安全措置等」と、日米安保条約を通じて「他国に安全保障を求めること」が、安全保障に関する憲法上のオプションとして同列に扱われている点である。新憲法制定の議論過程を見渡しても、また、敗戦直後、自衛のためのものも含めすべての戦力を全面放棄するかのような〝高揚感〟がただよっていたのを見ても、その背後には、国際連合時代の到来という人類史的カタルシスがあったのは間違いない。

憲法にちりばめられた言葉の数々、すなわち、「平和を愛する諸国民の公正と信義に信頼して、われらの安全と生存を保持しようと決意した」、「国際社会において、名誉ある地位を占めたいと思ふ」(以上、前文)、「正義と秩序を基調とする国際平和を誠実に希求し」(9条1項)はそのことを示唆するものと言えよう。

要するに、元来、国連による集団安全保障と、同盟国が行使してくれる集団的自衛権への依存は、憲法的に等価ではなかったはずである。もちろん、国連憲章51条は、安全保障理事会が平和・安全のための措置を採るまでの間、加盟国が個別的自衛権または集団的自衛権を行使して対応する権利を認めている。そして、ロシアによるウクライナ侵攻を見ても、国連の仕組みが機能不全に陥りつつある今日、安全保障政策の関心が個別的自衛権、そして集団的自衛権に向くことも理解できる。

が、右に触れたように、現行憲法の解釈論としては、国際連合を中心とした世界平和の希求(核拡散問題や気候変動を含む)を前提として論じられなければならないだろう。日米同盟を論ずる場合にでも、国連との連携を念頭において考えるのが憲法的に要請される進路であるということである。

にもかかわらず、砂川判決の言い方だと、国連による安全保障と同盟国の集団的自衛権の利用が対等の安保オプション、しかも憲法的なオプション、として国民の前に提示されてしまい、一歩間違えれば、相互の関連性が失念され、二者択一で処理しても構わない問題になりかねない。

†9条の命運(その3)——主権者国民の政治的批判?

そして、3点目。いよいよ市民社会論との関係で本題に入る。砂川判決は統治行為の憲法適合性判断について次のように定式化していた。

「それ故、右違憲なりや否やの法的判断は、純司法的機能をその使命とする司法裁判所の審査には、原則としてなじまない性質のものであり、従って、一見極めて明白に違憲無効であると認められない限りは、裁判所の司法審査権の範囲外のものであって、それは第1次的には、右条約の締結権を有する内閣およびこれに対して承認権を有する国会の判断に従うべく、終局的には、主権を有する国民の政治的批判に委ねられるべきものであると解するを相当とする。」(傍点筆者)

ここで、高村正彦元副総裁にもう一度登場願おう。高村氏は、先に触れた憲法審査会において、この判示部分を捉えて、最高裁の判断がない時点では統治行為に関する憲法上の疑義の解消は内閣と国会の判断に委ねられているのであるから、憲法学者ではなく、内閣と国会の判断に従うべきだとの見解を披瀝していた。

しかし、このような判決の読解もまた誤導的と言わざるをえない。砂川判決の上記判示部分は、内閣と国会の判断に従うのは「第1次的に」であって、「終局的には、主権を有する国民の政治的批判に委ねられる」と喝破しているからである。

高度の政治性を有する問題についての憲法的疑義の解消に関しては、政治部門の判断のみならず、「国民の政治的批判」ひいては市民社会の批判的声が、何やら重要な役割を期待されているように読み取れる。高度の政治性を有する統治行為の憲法適合性について、なお残る憲法的疑義のもやもやを解消する役割が担わされているのではないか。以下にその点を見て行こう。

2 「主権を有する国民の政治的批判」

†「社会の雑音」──田中耕太郎長官との対峙

この「主権を有する国民の政治的批判」という語句が、どのような経緯で判決文に挿入されたのかは定かではない。が、背景的には、相当の逆風にさらされていたと推測される(以下の詳細は、Komamura 2021: pp. 24-26)。

砂川事件の審理を率いたのは、当時の最高裁長官であった田中耕太郎である。田中長官は、砂川事件が大法廷に送付された時期(1959年6月11日送付)にもかかわらず、同年6月14日、「裁判と雑音」と題する記事で読売新聞の取材に応え、伊達判決の社会的反響について次のように語っている。

「あれについては、国際法学者も憲法学者もいろいろ意見を発表している。現に継続中の事件だからそれらの雑音に耳を傾けてはいけないか、というとそうじゃないと思う。学者の真剣な研究、うんちくを傾けた意見は進んで参考にすべきだと思います。いわゆる社会の雑音じゃないんだから継続中で未確定の事件で犯罪事実があるがどうかということに関する批判だと弊害があるのですけれども、しかし純然たる批判ならこれはむしろ避けてはならない。むしろ歓迎すべきだと思う。世間の反響というものは自分に都合のいい判決があつたときに大いに拍手かつさいするが、都合の悪いときには力や運動をもつて阻止しようとする傾向がある。松川事件といまの砂川事件はちようど反対でしよう。運動する人たちは大体において同じ傾向の人じやないですか、その点が不快です。」

学者の批判・意見については、「現に継続中の事件」であっても「進んで参考にすべきだ」し、「むしろ歓迎すべき」であると述べたが、その際、学者の意見は「いわゆる社会の雑音じゃないんだから」と評価し、他方で、原判決（伊達判決）を支持する市民運動に対しては「不快」であると明言した。田中長官にとって市民の声は「社会の雑音」にすぎなかったのである。このような経緯があったので、審理前から係属中の刑事事件に予断偏見を持ち、かつ事前に結論を漏示する所業であるとの理由で、被告人は裁判官忌避の申し立てを行った（同年7月1日に最高裁大法廷決定によって却下）。

これればかりではない。砂川判決から数十年後、米国公文書館から砂川事件の審理過程に関わる外交文書が発見された。そこには、伊達判決に衝撃を受けた米国政府が、これに対処すべく駐日大使館を通じて田中長官と接触を持ち、その過程で、同長官が、砂川事件の審理日程、判事間の意見の分岐予測、結論の方向性、期間短縮への努力、を語ったとされている（詳細は、布川・新原2013参照）。

これが事実であるとすれば、高度の政治性を有する問題は、主権を有する日本国民にではなく、同盟国アメリカの主権に対する配慮が先行して、事案が処理されていったということになるのではないか（なお、刑事裁判の公平性の侵害を理由に、2014年に再審請求が行われたが、2018年7月18日に最高裁によって棄却された)。

砂川事件における市民の抵抗運動は、それを審理する当の最高裁長官によって「社会の雑音」とみなされ、また、主権者国民を飛び越えて他国(アメリカ)の主権との交渉を、しかも司法部のトップが、先行して行うという、二重の意味での逆風にさらされていた。砂川判決の「主権を有する国民の政治的批判」との語句に込められた市民社会との約束は、ハナから破られるような状況にあったことになるが、それでもこの語句が判決文中に刻印された意義は大きいように思われる。では、どのような意義がそこから導き出せるのだろうか。

†岸盛一裁判官の場合

砂川事件最高裁判決は事案を東京地裁に差し戻した。これを受けた砂川事件差戻後第1審判決(東京地判昭和36〔1961〕年3月27日)は、9条解釈について最高裁の判断をほぼそのまま書き写した上で、被告人たちが刑法上の罪を犯したか否かの点だけを審理した。この差戻後第1審判決の裁判長を務めたのが岸盛一裁判官である(詳しくは、Komamura 2021: pp. 26–28)。

被告人たちは駐留米軍ならびに刑事特別法の違憲性をかたく信じ、侵入行為は憲法を擁護するための正当行為であったと主張したが、岸裁判官はこれを認めず、彼らは刑事上の責任を負うと判断した。

しかし、他方で、岸裁判官は、量刑上考慮すべき事項があるとして次のような論理を展開した。すなわち、9条をめぐっては「国論あたかも二分」する対立があったが、最高裁は政治的対立のいずれにもつかず、純司法的判断をするだけであり、かかる問題は、砂川最高裁判決も指摘するとおり、「終局的には主権を有する国民の政治的批判に委ねらるべきであり、この政治的主張の対立は将来にも続けられるであろう」……。こう指摘して、岸裁判官は次のように続ける。

「国の政治は国民全体のものであり、複雑微妙な国際情勢の下で、いずれの政策がわが国の安全と世界平和とに寄与するために最も適当か、何人も平和の預言者たることを難しとする以上、国民各自が平和に対する意欲を燃やし、時の政策を批判し、進んでこれがための諸種の行動にでることは、民主主義国家において国民に保障されている自由に属し、その論議や批判が純粋であり、真摯であり、建設的であればあるほどまた有益である。」(傍点筆者)

岸裁判官は、「主権を有する国民の政治的批判」の含意について、国論を分けるような憲法的疑義について、国民は当該政策を批判し、かつ諸種の行動に出る「自由」を保障されていると述べ、かつそれが純粋であればあるほど「有益である」とする。つまり、砂川事件での反対闘争は、憲法的疑義を晴らすために国民がいわば当然になしうる行為であり、保障された自由に由来する憲法的な正当性を有するものであった、ということである。

結論として、岸裁判官は、「かねて政治的信条の別なく広汎な国民層から深い関心と疑惑の的とされていた、駐留軍基地の存在が合憲か否かの憲法の謎」が砂川事件最高裁判決によって「漸（ようや）く有権的に解決され、その解釈が国民一般に示された今日としては」、今後厳しい態度で臨めば足り、本件については罰金刑にとどめるのが相当であるとした。

しかし、岸裁判官の言う「憲法の謎」は果たして最高裁判決によって解決されたのだろうか。既に指摘したように、錯綜した統治行為論法によってもやもやした疑義が今なお残っているのではないだろうか。だとすれば、安保条約をめぐる新たな批判的市民活動は、憲法的正当性を有するものとして今後も罰金刑で処理されることになるのだろうか。

なお、岸裁判官はこの差戻後第1審判決の10年後、最高裁判事に任命されている。

†富川秀秋裁判官の場合

砂川判決から9年後の1968年7月、在日米軍用の弾薬を積載した小倉行の貨物列車が呉市の旧国鉄・広駅から発車されようとしていたが、これを阻止せんとする市民たちが、隊列を組んで「米軍弾薬輸送反対」などのシュプレヒコールを繰り返しながら線路に侵入、同列車の進路軌道上に立ちふさがり、10分間同列車の運行を遅延させ、もって輸送を妨害する事案が発生した。

本件は、広島地裁呉支部に係属し、担当した富川秀秋裁判官は、威力業務妨害罪の成立を認めず、被告人たちを無罪とした（広島地裁呉支部判昭和45［1970］年5月29日）。以下に見るように、砂川判決の「主権を有する国民による政治的批判」から、最も先鋭的にその規範的含意を引き出したのが、この富川判決である（Komamura 2021: pp. 28-30）。その理路は次のようなものである。

まず、富川裁判官は、新安保条約を違憲と断じる弁護人の主張を退けつつも、砂川判決に照らせば、「新安保条約が憲法に適合するか否かは未だ確定されていないものと信ずる」との認識を示し、そして、そうであるからこそ「同条約の違憲無効を主張する被告人らの本件行為に正当性を認める余地が多分に存すると考える」と述べた。

富川裁判官によれば、砂川判決の「終局的には主権を有する国民の政治的批判に委ねられるべきもの」との部分は、統治行為に対する憲法的疑義の解消は憲法改正の国民投票に待つことを述べたものである。そして、もしそうでないとすれば、「前記判文中の国民の政治的批判とは国会議員選挙を指称することとなる」はずだと言う。しかし、「選挙制度は代表者選出のために設けられたものであって」、各種の政策や利害に支配されてしまい、「到底特定の事項に関する国民の判断が示されるとは言い得ない」。高度の政治性をもった重要事項は、裁判所による違憲審査ではなく、「通常選挙による批判をまつのみ」と言うだけであれば、憲法の想定する「法の支配」を無意味化する、と富川裁判官は喝破する（砂川判決における小谷勝重裁判官の少数意見を引用）。

したがって、違憲の疑いをかけられている高度の政治的な問題は、司法審査が及ばない以上、「主権を有する国民が自ら直接に、換言すれば国民投票によって明示の判断を下すこと」によってはじめて憲法を「不抜（ふばつ）のものたらしめ得る」のであり、砂川判決の趣旨もそこにある、とされる。

であれば、「新安保条約はもとより旧安保条約についてもその適憲違憲の終局判断は下されていない」現状では、「将来においてこれが違憲無効とされる可能性も少なくないのみならず、いわばその成否未定の選挙期間中ともいえるからその判断の過程において主権を有する国民としての被告人らが自己の意見を発表し宣伝することはまさにその権利であるといわなければならない」（傍点筆者）、こう富川裁判官は言うのである。彼はさらに続ける。

「核戦争による全人類絶滅の危機がいまなお存続している現状において、しかも地球上最初に原子爆弾による惨禍を蒙った広島の住民である被告人らが、……米軍の行為によってわが国に『再び戦争の惨禍をひき起こす』（憲法前文）ことの危険を確信する以上新安保条約の違憲を主張し、これに基づく行政協定により国鉄が実施する本件弾薬輸送に反対し、抗議することは当然であって、憲法12条が『この憲法に保障する自由及び権利は、国民の不断の努力によつてこれを保持しなければならない』とあることからすれば、むしろその義務であるとも言えるのではなかろうか。」

「核戦争による全人類絶滅の危機」が今なお存続し、広島の住民である被告人たちが、「再び戦争の惨禍が起ること」（憲法前文）の危険を確信して、新安保条約の違憲を主張し、同条約に基づく行政協定により旧国鉄が実施する本件弾薬輸送に反対するのは当然であって、さらに、「国民の不断の努力」を通じての権利のメンテナンスを要請する憲法12条からすれば、「むしろその義務であるとも言える」と同裁判官は言い切る。

もちろん、安保条約はその効力が否定されるまでは有効に存立しているのであって、暴力でこれを破壊しようとすることは許されない。しかし、本件行為は「不断の努力」の一環としての国民の義務の履行でもあり、その動機において正当であって、かつ、行為の態様も社会通念上相当であったのだから、実質的違法性を欠くため、構成要件該当性がなく、無罪である。このように富川判決は断じたのであった。

富川裁判官は、砂川判決をもって「憲法の謎」が解消されたと見る岸裁判官と対照的に、違憲の疑義のもやもやは不確定のまま存置されていると見た。そして、それを晴らすのは「主権を有する国民の政治的批判」、つまり憲法改正の国民投票である（通常選挙は代表を選ぶだけで、特定の憲法疑義をアジェンダ設定できない）。

富川判決の特徴的なのは、国民投票がなされていない以上、憲法的疑義は未解決であり、そうである以上、それに対して異議を唱え、抗議行動をとることは「当然」であり、「義務」でさえあるとする点である。そして、同裁判官は、砂川判決の「主権を有する国民の政治的批判」を単なる理念ではなく〝裁判規範〟として刑事上の実体的判断に適用するという稀有な例を残したのであった。

なお、富川裁判官は、その後、司法研修所改革を主張するなどの活動を行ったが、名古屋高裁金沢支部に在籍していた1979年10月14日、千葉の病院で自殺した。

†憲法の正統性危機と国民の批判的活動

本書で示してきたとおり、「主権を有する国民」のステータスには三つある。「主権者」「有権者」「市民」であり、それぞれ、典型的には、「憲法改正国民投票」「選挙」「市民運動」と活動のモードが分かれる。

砂川判決の描く「主権を有する国民による政治的批判」は、富川裁判官が指摘するように、主権者国民が文字通り「主権者」として立ち現われるケース、つまり「憲法改正国民投票」を想定したものと考えられる。判決が、「第1次的には」内閣と国会に委ね、「終局的には、主権を有する国民の政治的批判」に委ねると述べている以上、そう理解すべきである。9条にかかわる高度の政治問題についての憲法的疑義は、国民投票によって終局的に解消されるということであろう。

これに対して、第2のステータスである「有権者」による批判も判決の言う「主権を有する国民による政治的批判」に含まれるという見方もありうる。そこでの活動モードは、「有権者による選挙」であるが、この点、通常の選挙においても、それが地滑り的大勝をもたらし、歴史的な大衆動員が発生して、革命的な立法なり執行が次々と断行されれば、憲法改正を経ずとも、〝改憲〟が達成されるという見方がある。ある有力学者によれば、アメリカが１９３０年代に経験した一連のニューディール改革は、まさに憲法の正規改正を経ずに、立法で実質的改憲を果たした例として捉えることが可能だとされる（アッカマン２０２０参照）。

これについて、私は違和感を覚える。そもそも、それだけの民意の大変動が起きているのであれば、なぜ改憲がなされないのか、民意の革命的変動があったということ自体、実は捏造（ねつぞう）や詐称（さしょう）ではないか、改憲のハードルは民意の変動がほんものかどうかを確証するための法的安全装置であり、それを無化するのは主権者を甘やかすことにならないか。

このように、〝非正規改憲による革命論〟が妥当でないとすると、通常選挙による類似の包括承認が有権者によって与えられ続ければ、内閣・国会の有権解釈が盤石なものとなり、憲法的疑義を消去してくれるということになるのだろうか。倒閣がなされない限り、国民の政治的批判はなかったことになり、いやなら、憲法を改正しろ、というわけである。

そもそも、国民投票や通常選挙において「政治的批判」はいかにして可能になるのだろうか。再び富川裁判官の指摘に帰れば、通常選挙では代表を選ぶだけで、国民が特定のアジェンダを設定できるわけではない。せいぜい包括的同意に止まる。特定の統治行為についてその憲法的疑義を主題化することができなければ、「政治的批判」が成立するのは困難である。また、国民がアジェンダ設定できないのは、憲法改正の国民投票もまた同じである。国会が発議した改正案を承認するか否かという局面をあずかるだけである。

国民が特定の争点を議題化できるのは、三つのモードのうち、〝市民による運動〟だけである。「政治的批判」が成立するのはこのモードにおいてであろう。そうなると、統治行為への憲法的疑義の解消は、内閣と国会の判断に従属するか、あるいは、憲法改正を行って黒白をつけるか、さもなければ選挙で倒閣するか、という三択ではなく、いずれの局面においても、市民運動を中心とする「政治的批判」を必要とする。砂川判決が「政治的判断」ではなく「政治的批判」という表現を用いているのは、承認の成否や投票の結果に表れる決断を指すのではなく、政府等との相互的応酬による批判的な言説空間の出現を期待してのことではないか。

憲法の正統性危機において、市民が展開する批判的活動は、憲法21条の表現の自由によって保障されるだけでなく、むしろ、主権者・国民自身の手による憲法擁護行為、つまり一種の〝抵抗権〟の行使に等しいと富川裁判官は考えていたと思われる。岸裁判官も量刑判断を左右するほどの規範的含意を国民の批判的活動に見出していた。

高度の政治性を有する統治行為に対しては、国民は黙って政治部門の解釈に従属するべしとする高村氏の見解と対照的な思考がここにはある。高度の政治性を有する統治行為だからこそ、国民は黙っていてはならないのである。

3 市民運動の来歴と「動員の革命」

†日本の市民運動が熱かったころ

では、「主権を有する国民の政治的批判」はいかにして可能なのか。主権者そのものとして改憲に打って出るのでもなく、有権者として選挙を通じて倒閣を行うのでもなく、市民として行う政治的批判はどのように成立するのか、つまり「市民運動」はいかにして、あるいは果たして、可能なのかどうかが問われなければならない。英語では、civil movement あるいは civic activism などと呼ばれる「市民運動」であるが、日本では、だいぶ手垢にまみれ、良くも悪くも党派的色彩が強いものとして流通してしまっている感があるが、このタームの可能性と限界性の両方を考察したいので、本章では「市民運動」をそのまま用いることにする。

先に見てきた砂川判決は、言うまでもなく米軍基地の拡張問題をめぐる日本政府と地域住民等の衝突、すなわちいわゆる〝砂川闘争〟（主に1955—57年）を背景としていた。

農民・地域住民・労働団体・学生が総動員され、ピーク時には警察官2000人に対し反対派6000人が対峙し、「流血の砂川」と言われた激烈な闘争である（権力が市民にむけた暴力に懊悩（おうのう）した警官1名が自殺）。

その後、この砂川闘争をひとつのプロトタイプとして展開されたのが、言うまでもなく日米安全保障条約改定をめぐる〝安保闘争（60年安保）〟（主に1959―60年）であった。数日間にわたり警察官とデモ隊（学生・労働者・一般市民等）が激突し女子大学生1名が死亡。ピーク時にはデモ隊を含む33万人（主催者側発表）が国会前に集結し、結果的に、議事堂を取り囲む大群衆の写真とともに記憶される、市民運動のランドマークとなった。

また、1966年に発生し、その後数十年にわたり繰り広げられた、千葉県成田市の新東京国際空港建設をめぐる〝三里塚闘争（成田闘争）〟も多くの死者と自殺者を生み出した。ここでも、従来の闘争と同様、デモや乱闘が繰り広げられたが、他方で、ゲリラ的要素が多く見られるようになった（規模こそ小さくなったが抵抗は現在も継続している）。

†最高裁の〝集団暴徒化論〟

このころの市民運動は「闘争」と呼ばれるようにかなり過激なものであった。そのことを例証するように、当時の市民運動に関する最高裁判所の見方も、やや物騒である。

1960年（昭和35年）7月20日に下された東京都公安条例事件最高裁大法廷判決は、集団行動を都公安委員会の許可にかからしめた都条例が憲法21条の表現の自由を侵害するか否かを判断するにあたり、集団行動は、言論や出版などの表現とは異なり、「現在する多数人の集合体自体の力、つまり潜在する一種の物理的力によって支持されていること」を特徴とすると述べ、その危険性を次のように描写している。

「かような潜在的な力は、あるいは予定された計画に従い、あるいは突発的に内外からの刺激、せん動等によってきわめて容易に動員され得る性質のものである。この場合に平穏静粛な集団であっても、時に昂奮（こうふん）、激昂の渦中に巻きこまれ、甚だしい場合には一瞬にして暴徒と化し、勢いの赴くところ実力によって法と秩序を蹂躙（じゅうりん）し、集団行動の指揮者はもちろん警察力を以てしても如何（いかん）ともし得ないような事態に発展する危険が存在すること、群集心理の法則と現実の経験に徴して明らかである。」（傍点ルビ筆者）

この判示部分は、〝集団暴徒化論〟と呼ばれている。本件で問題となったのは、全学連（全日本学生自治会総連合）が率いる約3000名の学生が都公安委員会の指定した条件を無視して、蛇行進や渦巻行進を行い交通秩序を乱したことであった。蛇や渦巻と呼ばれる物理的力がどの程度の秩序破壊を招きうるものなのか想像するしかないが、最高裁はかなりの警戒姿勢でこれを見ていたことが分かる。興味深いのは、右の引用にあるように、当時の「動員」が、計画などを企てなくても、突発的な「刺激」で、「一瞬にして暴徒と化」すと見られていたことである。しかも、「警察力を以てしても如何ともし得ない」事態がもたらされるという切迫感で。

このように何やら物騒な物言いで最高裁は集団行動の規制を合憲と判断したわけであるが、それでも次の2点を指摘しておくことができるだろう。第1に、「暴徒」と化すギリギリまで行かないと、市民の声が届いたとは言えないと運動家たちは考えていたらしいこと（そこに肉薄する勢いがないと「表現の自由」には効き目がないということ）。第2に、最高裁も、警察力をもってしても制圧できないような危険水域に達しそうでなければ、集団行動を憲法によって擁護するかまえを見せていること（つまり、最高裁も第1の点を一定程度共有していたように思えること）、これらの2点である。このような発想は、後の最高裁判例にも引き継がれているものと思われる（泉佐野市民会館事件最高裁判決平成7年［1995年］3月7日）。

市民運動が、以上のように〝闘争〟と表裏の関係で熱を帯びていた時代は過ぎ去った。しかし、その後も市民が立ち上がり、再び熱を発散する瞬間を私たちは見てきた。2015年から16年にかけて、安保法制論議などとの関連でSEALDs（「自由と民主主義のための学生緊急行動」）による新しい運動のスタイルを目の当たりにし、国会を取り囲む多くの群集とシュプレヒコールを目撃した。この現象は少なくないインパクトを日本の市民運動にもたらしたことは否定できない。

日本の2015年に先立ち、世界の各国で注目すべき市民運動、しかも若い世代を広く巻き込んだそれが立て続けに発生している。2010年末のチュニジアにおけるジャスミン革命では反政府デモが拡大し、治安部隊をも圧倒して、大統領を亡命に追い込んだ。そのようなうねりは、翌11年、エジプトでも巻き起こり、市民によるデモが政府の鎮圧行動にもかかわらず拡大し、ムバラク政権を崩壊させた。反政府デモによる〝革命〟の連鎖の波はバーレーンやリビアの反政府運動にも影響を与えた。いわゆる「アラブの春」である。

さらに、2014年、中国に有利にはたらくサービス貿易協定の締結に反対する台湾の学生たちが立法院を占拠するに至り、同協定の締結を阻止するとともに第三極となりうる政党の結成をもたらした（「ひまわり学生運動」）。また、同年、来る香港特別行政区行政長官選挙において完全な普通選挙の実施を求める学生らが参加総数20万とも言われる規模で、市内主要施設を占拠した（「雨傘運動」）。日本の隣国でも次々と大きな反政府デモが繰り広げられたのである。

これらに共通するのは、ツイッターやフェイスブックによるデモの呼びかけや行動の指示伝達、携帯端末による現場動画の拡散、といったSNS等を駆使した市民動員が功を奏し、運動を牽引した点である。成功を収めたこの手法は、当時、「動員の革命」と評価された（津田2012）。大衆動員によってもたらされた革命ないし革命未遂と同様、あるいはそれ以上に、動員の手法自体が革命的であったということである。

†「動員の革命」の失敗――宇野常寛の問題提起

SNSに牽引された一連の反政府デモは、ネット活動家のワエル・ゴニムやプログラマーのオードリー・タンなどのアイコンを生み出した。また、タン自身が指摘するように、今回の潮流は、シビック・テック（市民自らが情報テクノロジーを駆使して、政策提言をしたり社会問題の解決提案をする活動）の開発や実践の広がりという副産物を生んでいる。SNSは新しい市民運動の強力な武器として、今後も活用と洗練が期待されていることは間違いない。

しかし、SNSによる「動員の革命」は失敗だったとの厳しい評価も寄せられている。

宇野常寛によれば、民主主義を新しいステージに移行させると期待された「動員の革命」であったが、その潮流はすぐに衰退し、政権の不安定化と内戦状態をもたらしさえしていることを指摘し、その失敗の原因を次のように語っている（宇野［常］2020：19頁）。

「今日において明白なのはソーシャルメディアによる『動員の革命』とは、ポピュリズムの一形態に過ぎないということだ。その動員力はテレビのそれよりも弱い。しかし、よりアクティブで熱狂的な参加者がそこには集う。この局所的な熱量の高さ、瞬間最大風速の強さは、それがより一過性の狂騒であることを意味していた。……。テレビポピュリズムにインターネットポピュリズムで対抗するという『動員の革命』はこうして敗北していった。いや、それどころか平成というポピュリズムの時代を下支えし、強化したのだ。」

ワイドショーとツイッターで善悪を判断し、失敗した人間に集団で石を投げつける「無党派層（愚民）」と、ヘイトやフェイクを拡散することで精神の安定を図る左右両翼の「党派層（カルト）」の共犯関係で繰り広げられるポピュリズム的ゲームに、新旧の両メディアとも陥っている（宇野［常］2020：20頁）。

宇野は、このような状況に陥った理由として、私たちがインターネットという技術の使い方を誤ったことを挙げ、それを次のように説明している（宇野［常］２０２０：62―63頁）。市民運動は旧態依然とした左翼文化が依然として幅を利かせて「意識の高すぎる市民」を囲い込み、選挙は相変わらず「意識の低すぎる大衆」を相手にしたドブ板選挙が行われている。このような政治社会の実相に対し、インターネットが本来有していた可能性は、「市民」「大衆」という戯画化された両極の間に存在するはずの「人間」に働きかけることであったが、結局、この新しいメディアも、旧来のメディアであるテレビと同じように、「大衆」を動員することに使われてしまい、そのポテンシャルを活かせず、ポピュリズムを強化・下支えしてしまっている、と言うのだ。

ではどうすればいいのか。宇野の提案は多岐にわたるが、大要、市民と大衆、意識高い系と意識低い系の間に存在する「中間のもの」（言い換えれば「人間」そのもの）へのアクセスを図ることにより、血縁・地縁・職能団体を超えて「人間関係を結び直すこと」のためにインターネットを活用することを提案している（宇野［常］２０２０：64、68頁）。かかる「中間体」に属する人間の具体的イメージとして彼が挙げるのは、「職業人」であり、その専門的な知見を活かしながら、それらの政治への関与を高める、つまり「動員」することを彼は考えている。宇野は次のように言う（宇野［常］２０２０：72頁）。

「市民／大衆を非日常（化された政治）に動員することで成立する今日の民主主義に対し、シビックテックの試みはあくまで日常に留まったまま個人と政治を接続する。そしてこうしたあたらしい回路を導入し、その決定力を保証することで非日常への動員＝ポピュリズムの暴走リスクが高まらざるを得ない既存の民主主義の決定力を相対的に低下させることができる。非日常に動員された市民／大衆のポピュリズムから、日常を生きる職業人の手に政治を取り戻すのだ。」

政治を、極相化されたプレイヤーたちのゲームから、「個人」の「日常」の延長線上に構想し直す。この「非日常」（祝祭）⇅「日常」（生活）の軸における日常への重点移動とともに、宇野が重視するのが、「他人の物語」⇅「個人の物語」の軸における後者への重点移動である（宇野［常］2020：114―129頁）。

20世紀前半に生まれた劇映画は非日常空間で他人の物語に感情移入するためのメディアであったが、20世紀後半に登場したテレビはそれを非日常＝祝祭的なものから日常の生活の一部に変えた。インターネットに代表される21世紀の情報環境の変化は、他人の物語への感情移入ではなく、個人の物語の探索と発信に人々の関心を移動させた。従来の文字情報を超えて、音楽と映像が飛び交い、その結果、人々は「現場」に出かけ、そこで自分だけの体験を得て、それをソーシャルメディアで発信する。つまり、インターネットにフィードバックさせるのだ。

宇野は、《「日常」生活における「個人の物語」の探求》という象限へのアプローチこそ、唯一開拓の余地が残されている沃野（よくや）であると言う。そして、そこへのアプローチこそが民主主義の脱構築を図るチャンスが秘められていると示唆している。

このような「非日常」（祝祭）と「日常」（生活）という軸、他者の物語への同一化と自己の物語の重視という軸を念頭に置いた場合、市民運動＝デモを「大きな物語」（他人の物語）をめぐる非日常的祝祭空間での〝闘争〟としてだけではなく、《「日常」生活における「個人の物語」の探求》としても構想できないだろうか。以下ではその可能性について考えることにしたい。

4　デモの祝祭性と日常性

今日の我が国においても、抗議や示威運動としてのデモは散見されるところである。しかし、国会を取り囲み、反政府勢力と機動隊が対峙衝突するという、あの熱量の高いデモは徐々に下火になっているのも事実である。カイロや香港での市街戦さながらの様相はそう簡単に観られるものではないし、そうたびたび起きてほしくない事態ではある。

しかし、〝市街戦さながらのデモ〟の発生可能性はゼロではない。国家統治が信用を失い、抑圧装置でしかなくなれば、国家と国民の間に存在した安全弁がすべて破綻し、もはや国家対国民の直接対決に至らざるをえない状況にもし至ったとなれば、〝市街戦さながらのデモ〟は再び起きるだろう。

2022年11月末に発生したテヘランや上海の抗議デモが〝市街戦さながらのデモ〟を私たちに想起させた。スカーフの着用の仕方が不適切であるとして逮捕された女性が死亡したことを契機とする抗議デモは首都テヘランのみならずイラン各地で激化し、国連の人権理事会が動き出すに至った。ゼロコロナ政策に対する不満が爆発し、習近平の辞任を明示的に叫ぶような危険極まりない抗議デモが上海だけでなく中国各地に広がり、ほんの一瞬、天安門事件の再現が私たちの頭をよぎった。

監視と統制が日常化している権威主義体制下でこれらの抗議デモは起こった。権威主義体制でも（権威主義体制であるからこそ？）、ゼロコロナ対策の行動制限でも、怒りの人流は止めることができない。

とは言え、やはり〝市街戦さながらのデモ〟は市民運動のノーマルモードではない。いざとなれば一触即発がありうることを留保しておくものの、我が国の趨勢としては、デモは下火になりつつある。民主主義社会の伝統的な抗議スタイルであり、市民社会の存在証明でもあった「デモ」という王道的市民運動は、今後どのようなものとして構想されるべきであろうか。デモの近未来を考えるに際して、次の2点に注意したい。

第1に、〝動員〟という手法についてである。動員は〝イベント〟の開催のために人をかき集めることであり、やはりそこには、祝祭的な非日常への招待という含意がある。デモはその形を変えつつも、祝祭的な非日常のイベントとして今後も生き残っていくとは思う。が、他方で、デモを日常生活に組み込むには、〝イベントの動員〟ではなく、〝ライフスタイルの提案〟といったモードで市民にはたらきかけることが必要になろう。「動員の革命」をもたらすと期待されたSNSも、祝祭的な非日常への挑発ではなく、日常生活におけるスタイルの提案として利用できないだろうか。デモも、大声で叫ぶのではなく、あいさつをするように交流しお互いの知恵を持ち寄るようなものにできないか。

第2に、〝人流〟そのものへの着目である。デモは下火になったとはいえ、大規模な人流そのものがなくなったわけではない。いわゆるフェスや花火大会、それからハロウィンにはとてつもない人流が生まれる。死傷者を出すデモは見かけなくなったが、花火大会やハロウィンでは死者が出ている。かつて蛇行進や渦巻行進に対して説かれた集団暴徒化論であるが、今日では、コントロールを失った人流がもたらす急性呼吸窮迫症候群（明石市花火大会歩道橋事故、2001年）あるいは群集雪崩（ソウル市イテウォンにおけるハロウィン圧死事件、2022年）がそれに取って代わった。

従来のデモもこれらの大規模な人出も、祝祭的な非日常では一瞬で制御不能な物理力に変わる危険性をはらむ人流であるという点では同型のものである。人流という観点から市民運動を捉え直してみる必要がありそうである。そうすると、従来のデモという概念に閉じこもらず、また、祝祭的非日常のみならず日常の生活にも視野を広げて、人流そのものが持つ意味を考えてみるべきではないか。

†非日常性の強化・洗練と日常性へのはたらきかけ

伝統的な反政府デモも、その祝祭性・非日常性を高めてきている。実際、2015年安保法制論議の際のSEALDsの運動でも、伝統的なシュプレヒコールではなく、ラップ調のコールが連発されていたし、2013年から16年くらいにかけて音楽家の三宅洋平が実施した「選挙フェス」もまるでラップのライブ、あるいはジャズコンサートのMCのような〝演説〟が展開された(祝祭としてのデモについては五野井2012:第4章参照)。

また、アラブの春と共振して発生した、2011年の「ウォール街を占拠せよ(Occupy Wall Street)」運動に象徴される公共的な場所の〝占拠〟戦略も注目に値する。この運動や香港の雨傘運動などにも見られたように、占拠運動は同時多発的に拡散・飛び火し、まるで陣取り合戦の様相を呈することが多い。占拠の実効性を高めるためのファシリテータ(司令塔)がSNSを駆使し、救護チームや食糧チームなども準備されていた。占拠運動は、まるで〝真剣なゲーミフィケーション〟のようであった。ゲームの持つ競争性と遊戯性が市民運動の非日常的な祝祭性を高める(もちろん、政治運動へのゲーミフィケーションの応用には危険な面も伴う。しかし、それはルールの設定やゲーマーの公正感覚に依存する問題である)。

学園祭やライブコンサートに出かけ、ゲームに興ずるという感覚が動員にもたらす効果は否定できないように思える。もちろん、それは祝祭的非日常への動員にとどまるのであれば一過性のイベントで終わることは避けられない。しかし、ここで用いられた数々のギミックは、市民運動を日常生活に持ち込むことにも応用できるかもしれない。実際、三宅洋平は、反原発や選挙という政治活動に身を投じ続けることはサステイナブルではないと考え、むしろ日常の暮らしの中にメッセージを流し込む活動に切り替えているが、このことなどは象徴的であると思われる。

デモがしかるべきときに発生するためには、祝祭的な非日常への招待をその動員戦略や方法論においてより魅力的にするとともに、日常生活にメッセージを届け続け、潜在的な、いい、い、人流のうねりを培養しておくことが必要であろう。

†他者の存在確認と自己の存在証明のためのデモ

では、果たしてデモは日常生活とつながることができるのか。

握手会や撮影会、フェスやオフ会といった会合は、ネット上で作品や言説を共有するだけではなく、オフラインで実際にアイコンと対面するものである。これは「モノ」から「コト」へと消費対象が変化したことにともなう〝営業戦略〟の立て直しという面もあろう。しかし、そのような消費行動の変化の背後には、人々のコミュニケーションのあり方そのものの変化が見て取れる。

バーチャルなコミュニティをオフラインで現認・実感し、そこへの帰属を確認するとともに、アイコンとツーショットで写真をとり、現場を録画して、それらをインスタグラム等のSNSに投稿する。コミュニティ帰属の強化という側面もあるが、同時に、あるいはそれに先立ち、バーチャルなものが実際に存在していることの確認のために人々は出かけていくのではないか。そして、現場に立ち、現場を画像や動画に収録・発信することにより、パーソナルなものとして所有し直して、個人の物語の一部に組み込む。要するに、フェスやオフ会への参加は、他者の存在確認と自己の存在証明のためにリアリティを活用する営みではないか。

そうするとデモもそのようなものとして理解することができる。エコー・チェンバーであろうが、パブリック・フォーラムであろうが、ネット上の発信は、匿名ではなく顕名であっても、基本、安全圏での発言である。そこでの言説の実在性や強度を示すために、路上に出てリアルに語ることは、人目にさらされる羞恥に耐え、卵や石が飛んでくるかもしれないリスクを負い、胸ぐらをつかまれる危険を冒す〝緊張と不安〟が（実際にはほんの少しであったとしても）頭をよぎるはずだ。

言説のリーダーやアイコンが路上に立ち、思いを共有する者のみならずそれに反発する者もそこに集まり、自分もそこに立つ。眺めるだけ、空気を共有するだけで、とりあえず一緒に歩いてみてスマートフォンに現場を記録するだけでもいいし、場合によっては、自らも発言・発声し、飲み会に流れることもあろう。

こうして、ネット上の言説が虚言や戯言ではなく、それを語る人物がリアルにいたのだということが確認できる。それは言説を発信する側にとって、言説活動に対するある種の

〝信用供与〟にもなるはずである。もちろん、ここで言う信用は、言説の内容の信用性とは別である。言説の中身は陰謀論かもしれないしフェイクかもしれない。しかし、ここで問題にしたいのは、その言説が在ること、それを発信する人物が実在すること、それらが与える信用性についてである。「あ、やっぱりこの人ほんとにいたんだ」である。そして、参加者たちが現場に自らの身体を差し出すことにより、イベントが自己の存在証明に値すると判断すれば、言説は体験とそのデジタルな記録を通じて個人所有されることになる。

このような他者の存在確認と自己の存在証明としてのデモは、祝祭的な非日常に限られた話ではなく、日常的になされていいことである。デモは、ネット上の言説活動にとって独特の信用確保手段として機能するだろう。

†つかの間の自由としてのデモ――小田実とG・ルフェーヴル

1960年後半から70年代にかけて、べ平連（「ベトナムに平和を！市民連合」）などで一貫して戦後の市民運動を牽引し、数々のデモを仕掛けた小田実（おだまこと）が面白いことを言っている（小田2007：140頁）。

「市民運動のデモ行進の特徴は、名刺交換をしないことですね。どこの誰です、という自己紹介をいちいちしない。」

小田は一貫して市民運動にこだわった。労働運動や学生運動は知り合いの集まりになってしまうが、市民運動としてのデモは、「どこから来るか、何をしている人なのか、本当にわからない」「でも、わからないまま名刺交換なんかしないで歩く」。全く知らない人たちが、年齢も性差も所得も関係なく、一緒に歩く。誰だか分からない人たちと一緒にあることが市民社会の原型であり、誰だか分からない人たちと一緒に歩くことによって、私たちは「市民」になれる、と小田は言うのである（小田2007：141、143頁）。デモと市民社会の関係についてこれだけ簡潔に述べた例は他に見当たらないように思う。

また、フランス革命期の群集心理を分析したジョルジュ・ルフェーヴルも実に興味深いことを言っている。彼は、「群集」を「諸個人の、自覚されていない一時的な『集合体』」と定義する。そして、その典型を「電車が通ったあとの駅の周辺とか、学校や事務所や工場が終わってどっと人間を吐き出し、彼らが買物や散歩をする人々に合流した時の街路や広場などにできるのが、それである」と描写している（ルフェーヴル2007：19頁）。

要するに、特に目的が共有されているわけではないが一定の方向性をもった人流を指している。ルフェーヴルが面白いのは、群集のこのような描写に続けて、次のように語るところである（同頁）。

「いま出てきたばかりの仕事場とこれから帰っていく家庭との狭間にあって、路上の群集の中にいる労働者は、彼の行動を社会化しているもろもろの制度から、しばらくの間、自由になっているのだ。」

職場と家庭という共同体帰属から解放され、人流（群集）に身をゆだねる、その瞬間、人は自由になっているとルフェーヴルは言うのだ。

小田とルフェーヴルの見方はデモについての新しい見方を提供してくれる。通常、デモ行進は、自己の所属する政治的共同体のあり方に対して市民として批判的にコミットすることであり、市民としての責務のように語られること、少なくともそのように捉えられることが多い。しかし、彼らはむしろこういった理解と真逆のことを言っているのだ。

小田は、お互い何者であるか分からない環境、つまり帰属を問われることのない環境を提供するのがデモであり、帰属を一時的に剝奪（はくだつ）された人々とともに歩くことが「本当に市民になる」ことだと主張する。そして、それこそが「市民社会の一つの原型」であると（小田2007：141、143頁）。

もちろん、デモは示威行動であり、何かを訴え批判するために行われるのが通例である。しかし、市民になることは、デモの目標それ自体とはあまり関係がない。何を目指しているのか分からないが、とにかく知らない人たちの人流に溶け込むこと自体に意義があるのだ。

だとすれば、「主権者」や「有権者」が国家や選挙区という政治的帰属によって構成されるステータスであるのに対して、「市民」はそのような政治的帰属をはじめとするあらゆる共同体帰属から自由であるステータスを言うのかもしれない。ルフェーヴルも小田と同じように、自己が帰属している共同体から解放されている時間を重視する。ある共同体から別の共同体へ移動するほんの〝つかの間〟ではあるが、人は、もろもろの制度化の拘束から離れ、自由になれる。人流に身をゆだねる時間は自由を楽しむことができる。

デモの人流が、人々から帰属を奪い、つかの間の自由を回復させるとしたら、これを日常生活において取り入れない手はない。もちろん、帰属や所属から離れて自由な視点に立てるのが、そしてその視点からものを考え行動できるのが、「市民」だとすれば、かかるステータスを公共のために役立てることが当然考えられてもよい。が、その前に、ステータス自体を意識せずに、自由になれるデモに、人流に、とりあえず身をゆだねてみてはどうだろうか。

デモは、それこそウォーキングや軽いスポーツのようなものとして、つまりある種のライフスタイルとして、再提案されていい。実際、小田は、「私は健康法についてよく聞かれると、『デモ行進しなさい』と答えるんです」と語っている（小田2007：141頁）。

精神のマッサージを受けるように帰属関係のしがらみをもみほぐし、それを再編させるような気づきが得られるかもしれないし、思いがけない出会いが突然生まれるかもしれない。政治的健康とリスキーなセレンディピティのために、デモは日常生活に溶け込んでいく可能性がある。

†身体を差し出す――J・バトラーのアセンブリ論

小田やルフェーヴルのような市民運動や群集心理の専門家の考えを見てきたが、どうもデモというものは、それが何を訴え批判しているかに関係なく、そこで展開する人流そのものに意味が見出されているようである。

同様のことをアメリカの哲学者、ジュディス・バトラーが、彼女のアセンブリ論において、また別の角度から述べている。彼女は、人々が自らの身体を公共の場に差し出すこと自体に重大な意味を見出す。「表現の自由」とは区別されて「集会の自由」が保障されているのは、人々が結集していることそれ自体によって力を発揮すること、それそのものが政治的権利であるからだ、と言うのである（Butler 2015: p. 8）。

人々は不安定性（precarity）にさらされている。しかも、不安定性は不平等にあてがわれている。不安定性は時に人々を貧困や死に直面させるので、この状況にある人たちは自分たちがみな可傷性（vulnerability）を抱えた存在であることを社会に認めてもらわなければならない。それを認めさせるために身体を差し出すのがまさにデモなのだ。

バトラーはこのような発想から、次のように言う（Butler 2015: pp. 18, 25）。

「集合した身体たちは、たとえそれらが沈黙したまま佇立していたとしても、私たちは決して使い捨てにはされないと『語っている』のである。」

デモに集まった身体は黙っていても語っている。不安定化された生を生きる私たちを可傷的である存在として認めよと。デモで肝心なのはコールをするかどうかではない。かつてのダイ・インや今のフラッシュ・モブ、そして「ウォール街を占拠せよ」運動における〝占拠〟などは、そこに身体が蝟集していること自体がメッセージであり、行為遂行性をもった沈黙なのである。

デモという市民運動における〝人流〟そのものが持つ政治的含意をバトラーは明らかにしてくれた。が、デモの核心的要素が人流それ自体であるということは、逆に言えば、人流があるところにはデモがあるということになろう。私たちは、日々の通勤通学の際、コンビニのレジで列をなしているとき、あるいは、競技場でサッカーを観戦し、ハロウィンで大騒ぎしているときでさえ、デモ=市民運動をしていることになる。要するに非日常/日常を問わず、私たちの身体はメッセージを発散させ続けているわけだ。バトラーは言う(Butler 2015: p. 18)。

「顔を出すこと、立っていること、呼吸をしていること、動くこと、止まること、何かを言うこと、何も言わないこと、これらはいずれも、突発的に実施される集会すなわち政治的行為遂行性が取り得る予期せぬ形態の諸局面であり、それらは生きられている生(livable life)を政治の最前線に差し出すのである。」

身体が発するあらゆる生体情報が政治的メッセージ(政治が捉えるべきメッセージ)を発散しているという発想は、既に第3章7節で見た成田悠輔の無意識民主主義につながっていくかもしれない。

成田の構想では、投票の結果、モニターされた行動、センサーによって得られた生体情報、等々の入力データを貪欲に飲み込んだ意思決定アルゴリズムが政策立案をするということであった。おそらく近未来の論点は、情報論的／計算論的な人間観を受け入れるかどうかをめぐるものとなるだろう。位置情報、移動速度、体温、心拍数、脳波、等々の生体情報を集約したものが「人間」なのかどうか。「計算論的人間観」は、人間を情報に分解し尽くせると考える思考方法であり、情報に分解した人間を異時空間に再構成できると考える立場である（「計算論的人間観」については、駒村2023：終章参照）。

対して、バトラーの議論は、「生きている人間が今ここにいる」という身体そのものの自己主張が大事だと言う。かかる身体の持つ自己主張を個別生体情報に完全に還元できると考えるのか、それとも身体というシステムの固有性・自律性をなおも死守し、計算論的人間観とむしろ対峙するのか。ここではそのような論点を指摘するにとどめておきたい。

†凶兆としてのデモ

デモは英語のdemonstrationに由来する。その動詞形であるdemonstrateはラテン語のdemonstro（「示す」「見せる」「目を引く」）に由来する。このdemonstroは強調句のdeとmonstroに分解できるが、monstro（「示す」等）は、さらにはラテン語のmonstrum

（「災いを告げる神のお告げ」、「不吉な前兆」）にさかのぼると言われる。これは英語のmonsterの語源でもあり、要するに、demonstrationはmonster（「怪物」）と語源を共有しているのである。

従来、デモは、市民運動の重要な一形態であり、民主主義に不可欠であるとよく言われてきた。デモがデモクラシーの「デモ」を想起させることもあってか、《民主主義と言えばデモ》という理解が広く定着している。しかし、右に見たように、デモはデモクラシーとはまったく関係がない。むしろ、モンスターと関係が深いのである。暴徒化しかねない巨大な人流が突如としてうねりだし、それが神のお告げや怪物の登場のように、自らが不吉な前兆となって何らかの啓示／黙示をもたらすこと、それがデモの語源的本質である。

既に見たようにデモにもさまざまな形態がありうる。暴徒化の危険をはらんだ闘争的デモ、ダイブやモッシュが起きるかもしれないライブ的デモ、共同体を抜け出して帰属なき他者が束の間の自由をエンジョイするスポーツ的なデモ、黙示の行進や通勤通学の日常的動線など無数の身体が創り出す〝人流〟としてのデモ、生体情報の集計化が生み出す情報論的〝人流〟、等々。日常と非日常の別、規模の大小、啓示か黙示かにかかわらず、これらの〝デモ〟の本質は、「放っておいたらマズイことになるんじゃないか」と思わせるような凶兆をもたらす点に求められるのではないか。

合理的な政策提言に欠けるような扇情的・挑発的動員によって群集をつくり出すようなものは、市民運動として不適切であるという声も聞こえてきそうであるが、合理的な政策提言の方はシビック・テックを用いた別の回路で企てることであろう。デモの本質が、神のお告げ的なところにある以上、動員のやり方もそれなりに神がかってくるだろう。いや、ローカルな知見を集約するシビック・テックの運動も、ひょっとすると魔物のようなうねりとなるかもしれない。〝人流〟も〝情報流通〟も、いったん過剰にわたれば〝群集雪崩〟を引き起こすことは私たちが経験的に知るところである。

民主主義の証としてのデモよりも、神のお告げを僭称（せんしよう）するデモの方が、不条理の渦巻く昨今、魅力的に映るかもしれない。

5 〝市民社会〟の近未来

†アイデンティティ・リベラリズムの陥穽――M・リラのリベラル批判

市民社会における市民運動の可能性について、いろいろな角度から検討してきたが、非リベラルな権威主義体制ではデモや抵抗運動が間欠的に猛威を振るっているのに対し、リベラルな民主主義体制では停滞気味であるのはどうしてであろうか。ここでは、リベラルな社会における市民運動の問題を考えてみたい。

アメリカの政治思想史学者であるマーク・リラは、リベラルな市民運動はまさにリベラルであるがゆえに挫折したと述べている。

キング牧師のワシントン大行進に象徴される、1950年代から60年代にかけてのアメリカの公民権運動は、誰もが「一市民」として対等な尊厳が認められる社会を目指すものであったが、70年代や80年代にはこれが変化した。「一市民」として認められること、何よりも「市民権」を獲得することへの関心が薄れ、それに代わって「個人としてのアイデンティティ」や「内なる自分」を認めてほしいという欲求が前景に現れてくる。「私たち」から「私」へと政治運動の主人公がシフトし、リベラリズムの焦点は「共通点」から「差異」に移動したのである（リラ2018：72―73頁、85頁）。

アメリカは50年前と比べればはるかに寛容で包容力のある社会となった。上記の市民運動やリベラリズムの重心移動は、アファーマティブ・アクション、ダイバーシティ、女性解放、同性愛者解放といった、アイデンティティを基礎とする運動を生み出していったのである（リラ2018：84頁）。こうして、本来の政治とは異なる「疑似政治（pseudo-politics）」が始まった。それは「自分自身の姿を認識し、その姿を他人に認知させるために闘うという、アメリカ独特の論法」に立つ政治運動である（リラ2018：85頁）。

アメリカ独特と言ったが、とりわけそれが顕著なのは、アイデンティティの考え方である。リラによれば、アメリカ流アイデンティティとは、「自分が何かは、私たちがそれをどう表現するかでどうにでも変わり得る」のであり、「自分の意思で放棄することもいつでもでき」、「重荷になったから、ただ飽きたから」といった理由で手放せるものなのである（リラ2018：93、96頁）。

だとすれば、他者との長期にわたる政治的つながりなど成立するわけはない。リラは次のように言う（リラ2018：94―95頁）。

「こういう状況で学生が見出す自分のアイデンティティは、いわばフェイスブックのアカウントのようなものになるだろう。アカウントを使い、私たちは自分の個人的な『ブランド』のようなものを構築することができる。他者とつながりはするが、ほとんど、互いの行動に『いいね！』をつけたりつけなかったりするというだけの関係にとどまる。」

フェイスブック的社会にはどこを見ても個人しかおらず、誰かが意見を述べただけでそれは自己への攻撃だとみなされ、炎上する。こうしてアイデンティティ・リベラリズムが席巻し、それに基づくリベラルな市民運動は、自分の便宜上のアイデンティティを承認するかしないかを他者に迫る、敵対と分断のための市民運動と化したのである。

†「市民」という身分の復権

こうしたアイデンティティ・リベラリズムは、市民運動や政治活動から「政治」を奪ってしまうことになった。リラは、運動のポリティクスで何を成し遂げようと、民主的な制度やプロセスはそれを無効にできるというのが民主主義の鉄則であると指摘し、次のように言う（リラ2018：117―118頁）。

「ワークショップや大学でのセミナーなどに実質的な効果はない。インターネットを利用して人を集める運動、『フラッシュ・モブ』なども同じである。街に出ての抗議運動、大声をあげる、暴れるなどということをしても、やはりそれだけでは何も動かない。運動政治の時代は終わったのだ。少なくとも今はそういう時代ではない。私たちに必要なのはデモ行進への参加者ではない。味方となる市長、州知事、州議会議員、連邦議会議員などが一人でも多く必要なのだ。」

リラの糾弾はまだまだ続く。リベラルが裁判所に過度に依存したことも間違いだったと言う。裁判では自分の主張が完全に正しいことを証明しさえすればよく、説得すべき対象は判事だけであると（リラ2018：120頁）。また、集会での発言も政治家のそれではなく宗教家のそれに近いと指摘する。精神の改革を叫ぶだけの祈禱会に堕し、些細な罪を容赦なくあげつらい、他者の言説の粗を探すことに終始していると（リラ2018：122―123頁）。

こういった傾向に対して、リラは「民主政治で重要なのは、他人を説得することであって、自己を表現することではない」と批判するのである（リラ2018：124頁）。

では、どうすればいいのか。リラは「市民」の再生がそのカギであるとして、次のように言う（リラ2018：128頁）。

「このような状況から抜け出す唯一の方法は、アイデンティティの存在、重要性を否定することではなく、アメリカ人であればアイデンティティとは無関係に全員が共有している何かを基に訴えることである。その何かこそが『市民という身分（citizenship）』である。リベラルは今こそ再び、市民という言葉を使って話をするべきだ。」

リラは、このような市民は、フェイスブックのアカウントとは違うと言う（リラ2018：95頁）。市民は、個人の持つ属性とは無関係に、絶えず政治社会を構成する他のすべての市民と結びついている。社会において権利を持ち、同時に義務を負っている。リラの市民復権の提案をある意味陳腐として一蹴するのは簡単であるが、現状に対する強い批判となっていることは確かであるし、また、どうにか現状を打開したいという切なる思いが込められているように思われる。彼は次のように言う（リラ2018：134頁）。

「信仰ですら慈悲ある行動を促すことができないのであれば、お互いに助け合う意識を皆にもたせるのに有効そうな手段は一つしかない。特権階級から貧困層まですべての階層の人たちに同じアイデンティティを持たせ、全員をそのアイデンティティで結びつけるのだ。」

リラは、アイデンティティ・リベラリズムを痛烈に批判するものの、個人のアイデンティティを否定ないし軽視する方向は取らないと言明している。むしろ相互に対立しうるアイデンティティの混沌の中から、個々人の属性と切り離された身分そのものをアイデンティティとして特権化させ、そこに連帯の可能性を見出そうとしている。
もちろん、連帯の仕方や相互支援の方法などについても対立は生まれるだろう。しかし、重要なのはそれが「私」の闘争ではなく、「私たち」の闘争であるという点である。その地平を開き直すことによってはじめて、市民のみならず公権力者をも動員する「政治性」を回復でき、疑似政治からの脱却が可能になると説くのである。

†「名刺交換をしないデモ」という「無知のベール」

個々人が抱えている属性から切り離された「市民」という見方は、既に触れた小田実の市民論・市民社会論とも通底している。小田は、「名刺交換をしないデモ」という人流の中においてはじめて人は市民になり、「誰だか分からない人たちと一緒に歩くこと」こそが市民社会の原型であると説いていた。

各人固有の共同体帰属や宿命的属性から離れて、社会秩序を構築しようとする理論的挑戦としては、アメリカの哲学者であるジョン・ロールズの「無知のベール（veil of ignorance)」が有名である（ロールズ2010：184―192頁）。アメリカ人、男性、異性愛者、高額所得者、健康体……といった個人の属性をいったんカッコにいれて（つまり「無知のベール」をかぶって）、人々が仮想的な社会契約に参加したとしたら、どのような原理が選択されるのだろうか、という思考実験を彼は行った（そのような仮想的環境下で、個々の事情から解き放たれた個人は自己のかかえる個別事情を考慮に入れず、自己を仮想化して効用の数学的処理（ゲーム理論）に基づく社会構成原理を採択するだろう、と説かれる）。

小田の実践とロールズの理論を接合するのは無理があるが、それを恐れずに言えば、「名刺交換をしないデモ」こそが「無知のベール」ということになろう。「誰だか分からない人たちと一緒に歩くこと」はロマンティックな意味を超えて、リラやロールズの主張の実装実験の一つになりうるかもしれない。

あるいは、近時、盛んに議論され実装も進みつつある「メタバース」が、ロールズの仮想的社会契約の実験場（実装現場）になるかもしれない。現実世界でさまざまな事情を抱えた人々が、着せ替え人形のように「誰にでもなれる」とされるアバターに変身して、このメタバースに飛び込む。ロールズのオリジナルな「無知のベール」が「誰でもない自分」を想定するものであったのに対し、メタバースでは「誰にでもなれる自分」が登場する。「誰にでもなれる自分」という逆説的なアイデンティティの希釈化が、人々に市民の身分を共有させることを可能にする新たな「無知のベール」として機能するかもしれない。

もちろん、そうならないかもしれない。動向を見守るだけの傍観にとどまるのではなく、以上の視点からメタバースの狂騒にきちんとコミットすることが重要であろう。

小田が活動の経験から導き出した市民像、リラが疑似政治を真の政治活動に変換するために再導入しようとする市民像、これらに共通するのは、個人に固着したアイデンティティ（それは、時にしがらみと言っていい共同体帰属であり、時に手放したくない自分らしさでもある）を超えて、名も知らぬ他者といかにしてつながり直すのか、という視点である。リラは言う（リラ2018：124頁）。

「想像の中だけでもいいので、Wi-Fiなどない場所、薄いコーヒーしか飲めない場所、夕食の写真を撮ってインスタグラムに投稿しようという気持ちにならない場所に行ってみよう。そこには、夕食の前に祈りを捧げ、食事ができることを心から感謝する人たちがいる。彼らに対し優越感を持つようなことがあってはいけない。良きリベラルは、すでに学んでいるはずだ。全国のどの人からも遠く離れた場所にいてはいけないと。たとえば、南部のペンテコステ派の人たち、ロッキー山脈諸州の常に銃を持ち歩いている人たちも含め、あらゆる人たちの近くにいる必要がある。」

問題は、このような〝美しい提案〟を単なる視点の置き換えや心構えにとどめるのではなく、Wi-Fiにつながっている自分と遠くにいる他者との関係、とりわけその市民的関係、をいかに結び直すかである。

では、そのような関係の結び直しをどのように実現するのか。ひとつの可能性は「個人」というものを考え直すことにある。

本書の第3章4節において、私は「一人一票制」に触れた。そこで述べたことは、大要、次のようなことであった。選挙とは、主権を可視化・数値化しようとする古典的な試みであり、得票という数値を、直接あるいは一定の計算式を通じて議席数に変換し、〝主権者国民〟の意思を実体化する営みである。そのために編み出された変換ツールこそが「一人一票制」である。「この定式によって、政治的差異は徹底的に刈り込まれ、どの国民も等しく『1』として基数的にカウントされることになる」……と。

その箇所でも指摘したが、これは考えてみると、ものすごい変換フォーミュラである。従来の憲法学は、この「一人一票制」フォーミュラを死守することに血道をあげてきた。特権階級や高額納税者が複数投票を行うことは明白な憲法違反であり、一票の重みの格差も一定の閾値(いきち)に収めるべきことを主張してきたのである。

先に述べたように、「一人一票制」は個人の政治的差異（否、生活上の差異などあらゆる種類の差異）を考慮することなく削ぎ落として、等しく「1」として基数的に処理する。ところが、これに対して、「1」を分解して、個人の差異をむしろ顕在化させるとともに、政治的選好の強度を表明する武器に投票制度を変容させる試みが提案されている。鈴木健による「分人民主主義」がそれである。

鈴木は、ジル・ドゥルーズの哲学に着想を得て、近代的主体である「個人（individual）」に代えて、より細分化された認知単位である「分人（dividual）」という概念を導入し、かかる分人によって構成される民主主義、すなわち「分人民主主義（divicracy）」を提案する（鈴木2022：204―205頁）。鈴木の分人民主主義の最大の特徴はその伝播委任投票システムにあり、それは大要、次のようなアイディアである（鈴木2022：207―208頁）。

「このシステムでは、自分のもつ1票を好きなように分割して投票できるようにする。もちろん矛盾した意見に0・6票と0・4票と分けて投票してもかまわない。悩んだら悩んだ度合いで投票すればいい。そのテーマに詳しい人は直接政策に投票すればいいし、そうでない人は詳しそうな人に委任すればいい。人に委任する気楽さが投票率を上げる要因になる。」

相互に競合・対立する政策提案A、B、Cに対して、自分の一票をまるごとAに投票してもいいし、それぞれに0・3、0・3、0・4と配分してもいい。また、他者にまるごと委任してもいいし、多彩な人物に委任度合いを変えながら細分化して委任してもかまわない。その結果、特定の人物が複数投票どころか、圧倒的多数の委任を背景に膨大な票数をまとめて特定の政策に投ずることも可能である（したがって、このシステムは独裁制にも直接制にも結び付く）。そして投票や委任も投票期間中は自由に変更できる。

もちろん、政策アジェンダを提示する制度の構築、投票期間の設定、決議に必要な投票数の設定、等々決めておくべきことは多くあるが、それ自体は鈴木の提案の弱点にはならない。ならないどころか、むしろ新たな制度設計に人々を招待するきっかけになり、提案の強みのひとつになるだろう。

分人民主主義が示唆する思想的な魅力は、個人という単位を分割することによって他者とのつながり直しを可能にする点である。アイデンティティ・リベラリズムが、個人の気まぐれなアイデンティティを基底的に捉えすぎて、市民という共通のステータスを喪失させたとリラは嘆いていたが、分人の発想は、その基底的な個人を個人のレベルでとどめておかず、さらにdivideすることによって、他者とつながる回路を個人の中に多様に開くことを可能にする。

少々荒っぽく言えば、社会的分断が連帯を阻んでいるのは、分断が中途半端であるからであり、分断をより徹底させ個人の分割可能性にまで及ぼせば、自己の中の多様な指向性が再発見され、遠い他者との関係の結び直しが促進されるかもしれない。市民という共通基盤の展望は、そのような関係の結び直しの連鎖が新たな連帯をもたらす中で構想できる。

†近未来の統治

鈴木の分人民主主義が実装されるには、右に指摘したように、決めておくべきことや工夫すべきことがたくさんある。

投票を通じた従来の委任の仕組みに伝播委任システムを導入しても、インプットとアウトプットをどうするのか。つまり、そもそも解決すべき政策課題を誰がどのようにしてアジェンダ設定し、このシステムに入力するのか。また、誰が決定したかが明確にならないこのシステムにおいて、出力された決議事項に基づく権力行使は適切に執行されるのだろうか。違憲審査制のような仕組みをどのように並置するのか。多くの課題があることは確かである。

とは言え、それが実装された場合を想像すると、いろいろな近未来の統治が見えてくるだろう。

まず、本書で何度か繰り返してきた〝選挙に依存しない民主主義〟あるいは〝代議制に依存しない民主主義〟をいかに構想するかという問いに鈴木の挑戦は応えている。

伝播委任投票システムは、国家統治と個人の間に介在する職業代議士と政党の存在を仮想化してしまう。独自の識見や専門性、あるいは扇情的プロパガンダを得意とする人物や団体が登場し、常日頃から、委任や信任を勝ち取るための活動を展開するだろう。これらの人物や団体が代議士や政党に代わるものとして立ち現れるだろう。委任も一定期間の信任を継続的かつ自動的に与える仕組みを開発すれば、それらの人物や団体に政策課題への投票を任せきりにすることもできる。こうして、結局は、代議士や政党のごときものが復活するかもしれない。

しかし、伝播委任投票システムの下では随時委任先を変更できるから、民意の流動に対して迅速に対応しなければならないし、〝政治〟への参入障壁は極端に下がり、新規参入や新陳代謝を可能にするだろう。その意味では、誰もが代議士であり、どの団体も政党であるような〝なめらかな〟民主政が出現する。選挙もなくなるから、民主主義における日常と非日常の別も〝なめらか〟になる。市民社会もこの〝なめらかさ〟の中で新たな活況を呈するかもしれない。

代議士の仕事は政策課題に対して賛否を表明することだけではない、政策課題のアジェンダ設定を行うことも大切な仕事だ、という声も聞こえてきそうだ。しかし、伝播委任投票システムにおいては政策課題の提示や解決策の提案も自由かつ随時に行われるようになるだろう。決裁された政策を実行に移す執行部門があって、その執行過程をメディアが正確かつ批判的に報道し、先述の新たな〝代議士〟や〝政党〟が決裁すべき政策課題を提示する。そのようなアジェンダ設定能力や政策提案能力に対する評価が委任を集める際に重要になってくるだろう。

さらに、伝播委任投票システムは、独裁制、新たな装いのオルタナ代表制、直接制のいずれとも結びつきうる、いわば「制度のメタシステム」（鈴木2022：249頁）であるから、政治制度の選択も〝なめらか〟になる。

さて、このような分人民主主義が統治の近未来に持ちうる含意とは何か。本書との関係で述べると、それは、市民、有権者、そして主権者の区別の消失という事態であろう。区別の消失は言い過ぎだとしても、これらの境界は〝なめらか〟になり、はっきりとした演じ分けは不要になるだろう。本書の冒頭で示した「見取り図」では、憲法の想定する「国民」のあり方を、憲法96条の憲法改正をメイン・ステージとする「主権者」、憲法15条の選挙のときに立ち現れる「有権者」、憲法21条等を駆使して運動をし、市民社会を生きる

「市民」の3主体に分けて構想していた。こういった3つの相貌を持つ「国民」の演じ分けが不要になった統治の一端は先に見たとおりである。

しかし、これに対しては期待だけではなく不安も付きまとうだろう。過度に期待するのも禁物であるが、かと言って、過剰に恐れることもない。なぜか。これも冒頭の「見取り図」で触れておいた点であるが、日本国憲法はその13条において、「すべて国民は、個人として尊重される」と定めていた。国民が「主権者」「有権者」「市民」のいずれの位相に立とうが、「個人」として尊重されるというのが、この憲法の大前提である。だとすれば、共通前提である「個人」の尊重のやり方次第で、「主権者」「有権者」「市民」の区別が〝なめらか〟になるのは、日本国憲法の構成から言って当然の帰結なのかもしれないからである。

しかし、このような流動を可能にするのは、「個人」の分割であった。概念なのか実存なのかよく分からない「個人」という近代的創造物に踏みとどまるのではなく、これをより小さい認知単位に分割し、それによって個人の中にしまい込まれていたさまざまな受容体を再発見し、それを通じて新たな関係の結び直しを展望する。そのような展望の果てに近未来の統治が来るのだとすれば、それは「個人」の解体によってなされるということ、個人そのものもまた〝なめらか〟になるのだということを覚悟しなければならない。

個人は、1票ではなく投票強度に応じて分割・細分化される。個人は、生体情報や脳情報など「情報」に分解される。それらがデータとして集約され可視化される。突然の暴徒化や群集雪崩の可能性を秘めた〝人流〟のごとき民意の波を、これらのデータを使って、計算し予測する。情報論的に分解され、再構成された個人のデータの集積体が、新しい「主権者」の位置におさまる日が来るかもしれない。

そうなるとすると、データベース＝主権者の観点から、本書を冒頭から読み返す必要があろう。話は振出しに戻るのである。

あとがき

主権はフィクションである。だからと言って、主権を虚構あるいは虚無と割り切ることは容易ではない。なぜなら、主権はフィクションであっても、主権論にはリアリティがあるからである。

アメリカの憲法学者、サンフォード・レヴィンソンは、近時の主権抹殺論のひとつである「眠れる主権者（the sleeping sovereign）」論（主権者は憲法を制定したあと凍結されるという議論。本書の第2章3節で触れたようにわが国ではつとに精力的に主張されている）を紹介しつつも、ある種の諦念を込めて次のように結んでいる（Levinson 2018: p.663）。

「しかし現実は、その気になっている自称主権者（the would-be sovereign）は常に覚醒し、命令を出すことができる。われわれは、通常の政治的言説において用いられ、それによって一定の行動の引き金になる『主権』というこの用語のリアリティ（the reality of the term "sovereignty") から逃れることができない。」

本書は、主権論を神の至高性にさかのぼり、「ロゴスとしての神」から「意思としての神」への変遷を見て、中世神学を経由し、主権を実体化・人格化する「主権者」が登場するさまを描いてきた。主権＝至高性をいただくことにより、「主権者」は、神の絶対性・万能性・永遠性・無謬性・無答責性を身にまとい、そのように振る舞うようになった。神も主権者も人々から絶対的な恣意性の権化として畏れ（恐れ）られてきたのである。

フィクションでしかない主権も、リアルな権力性を帯びるようになり、また、法秩序の構築・維持などの現実的なプラクティスをあずかるようになった。このようなリアリティは現在においても政治的スローガンを通じて広められているのは本書冒頭で見た通りである。

繰り返しになるが、主権も神もフィクションであると切って捨てることはできない。これら二つの概念には、至高性に由来する畏敬の感覚が千年・百年の単位で蓄積されており、秩序や体系の極点として機能してきたことも事実であるからだ。絶対性に対する畏敬の念と恣意性に対する警戒の念の双方を念頭に置きつつ、神学や西洋思想は、主権＝至高性に一定の自己拘束を求め、規範的に枠づけようとしてきた。このような「法的な系譜」が一貫して並走してきたのが、主権の理論史であったことも忘れてはならない。

＊　＊　＊

そのような事情は、「君主主権」から「国民主権」に転換しても基本的には同じである。畏敬と畏怖、期待と絶望が錯綜する主権論の流れの中で、「国民主権」が受け容れられているのは、単一の主権的人格による支配よりも、「国民」という抽象的・観念的統一体による統治の方が安全であるという、いわば消極的な理由によるばかりではなく、「大衆」の破壊力を信じ期待するという、積極的な理由にも支えられている。予測不能でいったん動き出したら制御がきかない「大衆」の力動に対して、右の積極的な評価を込めて、それを再構成するために、本書では敢えて「衆愚」という言葉を用いてきた。

憲法は、主権を――主権者を、そして衆愚を――畏れている。畏れおののきつつ、かつ慎重に構えながら、そのポテンシャルに期待もしている。この両義性が頂点に達し、ある種の賭けに出る瞬間がまさに憲法改正の局面である。

＊　＊　＊

私は、後述するように、君主主権から国民主権への転換はやはり革命的な出来事であったと考えている。主権者の転換、国際社会を視野に入れた平和構想、基本的人権のリストの前景化、西洋的な統治の近代化と我が国固有の象徴天皇制との合体、こういった一連の「近代」の導入は、日本国家統治にとって一大転換点を成している。

その意味で、私は、日本国憲法典という日本近代化の証文を大切にしたいと考える。日本国憲法は時に「戦後憲法」と略称されることがあるが、「戦後」は時代的区分ではなく、ある種の「原理」としてあると私は理解している。

その日本国憲法を改正するとしたら、この日本近代化の証文である現行憲法のテクストをそのまま残した上で改正することを提案したい。現行の憲法テクストの末尾に、アメリカ合衆国憲法のように「修正条項」を加筆することが考えられていい。また、法典や経典の意味解釈を明らかにするために行われる「注釈(annotation)」を改正条文の末尾に付すことも考えられるだろう。こうした提案は、敗戦後に広く行われた〝墨塗り〟の文化によって日本近代化の歴史を消去させないためのものである。そして、比較憲法的に見ても条文の文字数が少なく規律密度が低い日本国憲法にとっては、条文の変遷そのものを法典に刻印しておき、憲法解釈を常に戒める必要があると思われるからである。

＊　＊　＊

さて、憲法改正に向けて主権者国民が召喚されようとしている今日、改めて主権論を考え直すことを通じて、そのフィクション性を再認識し、そのリアリティを解きほぐす。本書はそのような試みのひとつであった。その中で、私は、主権は〝取扱い注意〟であるから、最後の「賭け」（つまり改憲）に打って出るのは慎重な上にも慎重であるべきだと述べた。一歩間違えると〝革命〟になりうるような「主権者」の登場をたのむ前に、統治上の諸課題を通常政治の枠の中でどうにか解決すべく、国民は「有権者」として、また「市民」としてがんばるべきだ。このような観点から本書では、民主主義（第3章）と市民社会（第4章）の再構築を語ってきたつもりである。民主政や代表制のあり方や市民社会の形成に関して、むやみに〝主権者の影〟を投影すべきではない。政治家の役割とは、主権者を挑発し、その熱量を政治に糾合するのでなく、むしろ主権者の熱情を放散させる点にこそあると見るべきだろう。

しかし、通常政治そのものが順機能を果たすようになり、いくら問題解決能力を向上させたとしても、改憲によらなければ解決できない問題が発生する可能性は絶無とは言えない。その場合は、最後の最後、「衆愚」に「賭ける」モメントがやってくるだろう。

そうなる前に、ぜひともやっておかなければならないことがある。それは、「最終的に決めるのは、主権者である国民の皆様です」という例のスローガンに一定の始末をつけておく作業である。

＊＊＊

嘉戸一将は、主権論史の軌跡を描き出す中で、そこには「至高性＝主権は〈何ものでもない〉」「至高性＝主権は無としてある」といった、〈絶対無〉主権論の系譜があることを指摘している（嘉戸2019：127頁、430頁）。その意味するところは、主権が「絶対的なものであるために、何によっても規定しえない」ということであり、「あらゆる合理性の彼岸」の領域にあるということである（同：127―128頁）。

これに対して、本書第2章3節で登場した憲法学者・宮沢俊義は、君主主権との対比において、国民主権における主権者を「誰でもである」（傍点原文）と規定した（宮沢1967：287頁）。これは、国民主権という原理が、「特定の身分をもった人間がその『誰か』たる地位を独占することを否認する建前」であることを述べたものである（同305頁）。が、他方で、宮沢は、主権の担い手は、意思を表明できる主体である必要があるから、「つねに、具体的な人間でなくてはならない」とも言う（286頁）。「主権者とは誰か」という問いに対して、「誰でもである」が、同時に「具体的な人間でなくてはならない」という二つの条件を充たすには、具体的な人間の全員がみんなで主権を共有する境地、つまり、

《誰もが主権者である》という解答に落ち着くだろう。これは、〈絶対無〉主権論ではない。

しかし、一歩それに近づいてはいる。主権との人格的同一化を僭称する者を拒絶し、誰かの独占を排除し続ける極点として主権を捉えるのが国民主権であれば、〈絶対無〉の境地と埋められない溝があるにせよ、その機能において同じ水準に達しつつあるとも言える。

とは言え、それは一歩だけ近づいただけである。国民主権は主権の独占を排除はするが、主権の共同分担構想は、結局誰もが主権者でなくなる可能性も秘めている。「誰でもである」は「誰でもかまわない」に転じかねない。もちろん、〈絶対無〉主権論も安全ではない。この定式を内容空疎なものだと見れば、その空疎の隙間を埋めようとする輩が出てくることは歴史が証明している。神話的主体の空虚性を指摘するピエール・ルジャンドルは、そのような空虚な場所にさまざまな形象を詰め込もうとする試みが横行するのは、「根拠を否定的なかたちで、つまり『そこにない』というかたちで呈示するようなメカニズム、そうしたメカニズムを相手にしているのだということを受け入れるだけの準備が、われわれにはまだできていない」からだと言う（嘉戸2019：59頁）。そのような準備が整っていることが〈絶対無〉主権論の境地なのであれば、主権＝至高性を理解すること、とりわけ法秩序形成の極点として理解することは常人には至難の業である。第1章3節に出てくる「理性の極致（the apogee of reason）」（エルシュテイン）が——「理性の極致」と「あらゆる合理性の彼岸」が背中合わせであると言う意味において——〈絶対無〉に最も近い形容かもしれない。が、それとて到達困難な境地と言うべきであろう。

＊　＊　＊

そのような哲学的離れ業で話を終わりにしたくない。もう少し私たちに理解しやすく、かつ、実行可能なプラクティスを提案して、これまでの私の考えを整理しつつ、本書を閉じたい。

（1）「意思としての主権」を「ロゴスとしての主権」に改めて重心移動させること。ロゴスを、〝ある主体の放った言説〟というレベルではなく、その背後にある「理性の極致」とおいて、むしろ〝ある主体が放った言説〟を不断の吟味にさらし続ける営みを私たちに要求するものと位置づける。このような観点から主権を捉え直す――少なくともそのような局面が主権論の重要な要素であるという前提で構成し直す――ことが考えられる。

（2）主権と主権者を区別すること。主権者は理性とロゴスに支配される。主権者の絶対性は、それが主権と区別されるが故に、相対化される。主権者は、自らを法体系の中に組み込み、憲法制定後は、自らの行動を改正権のそれに自己拘束し、しかも滅多に登場しないという節度を自覚する。こういったことも相対化の一例である。自らが主権者として制定した憲法を、改正の名を借りて、破壊することは自己矛盾として否定される。要するに、主権者は万能ではない。憲法改正もやって良い改正と悪い改正があるということだ。
(3) 政治と法の対抗性を改めて意識して統治を設計・運営するべきこと。
「意思としての神」をある種の拘束下に置こうとした神学と同じく、法(法学)は「意思としての主権」を「ロゴスとしての主権」に踏みとどまらせようとする営為なのである。

＊＊＊

ここにようやく、「最終的に決めるのは、主権者である国民の皆様です」というスローガンに一定の結末をつけるときがきた。
ここまでの議論からすれば、主権者には真の意味での最終的な決断などできない。主権は、主権者にとって最終的な決断を再吟味する、より高次の審級としてあるのだから。要するに、主権者を疑うことによってしか、主権論は成立しえないのである。

2023年1月末

駒村圭吾

付記

本書の企画が成立するきっかけについて記しておきたい。
5年ほど前に、山尾志桜里（現、菅野志桜里）『立憲的改憲』（2018年、ちくま新書）に参加させていただいたとき、対談の最後の方で次のようなやり取りがあった（同書362—363頁）。

山尾　何人もの憲法学者の方々と意見交換してきて感じるのは、憲法学者の多くは憲法の力を信じていないのではないか、ということです。《中略》駒村先生はこの点はどうお考えですか。

駒村　《中略》そもそも憲法の力とは何か、ということも考えなければいけませんが、みんな現状に対してややペシミスティック（厭世的）になっている点は同感です。ただ、それは憲法の力を信じないというよりも、むしろ主権者を信じていないということではないでしょうか。

その後、この趣旨を若干敷衍（ふえん）するやりとりがあり、対話は終了した。当日の懇親会で、お酒も入っていたからか、引用箇所の発言が自分でも気になり、「どうも話し足りていないなあ。『主権者国民を信じろ』ってよく言われるけれど、なんでみんなヘーキで信じられるんだろう」と口を滑らせたところ、それでは思い切り書いてみてはどうか、というご提案をいただいた次第である。それ以来、数年が経過してしまった。編集部の伊藤笑子さんの激励と忍耐に感謝したい。おかげで信じなければならないことが何であるかが見えてきた気がする。

ちくま新書

465 憲法と平和を問いなおす　長谷部恭男

情緒論に陥りがちな改憲論議と冷静に向きあうには、そもそも何のための憲法かを問う視点が欠かせない。この国のかたちを決する大問題を考え抜く手がかりを示す。

594 改憲問題　愛敬浩二

戦後憲法はどう機能してきたか。改正でどんな効果が期待できるのか。改憲論議にはこうした実質を問う視角が欠けている。改憲派の思惑と帰結をクールに斬る一冊！

1299 平成デモクラシー史　清水真人

90年代の統治改革が政治の風景をがらりと変えた。「小泉劇場」から民主党政権を経て「安倍一強」へ。激動の30年を俯瞰し、「平成デモクラシー」の航跡を描く。

1346 立憲的改憲——憲法をリベラルに考える7つの対論　山尾志桜里

今あるすべての憲法論を疑え！　真に権力を縛り立憲主義を取り戻す「立憲的改憲」を提起し自衛権、安全保障、違憲審査など核心問題について気鋭の論客と吟味する。

1463 世界哲学史4——中世Ⅱ　個人の覚醒　［責任編集］伊藤邦武／山内志朗／中島隆博／納富信留

モンゴル帝国がユーラシアを征服し世界が一体化へと向かう中、世界哲学はいかに展開したか。天や神など超越者に還元されない「個人の覚醒」に注目し考察する。

1519 リベラルの敵はリベラルにあり　倉持麟太郎

「フェイク」リベラルの「ハリボテ」民主主義ではもう闘えない。個人の自由を脅かす無法国家を露呈したコロナ後時代に提言する、保守層も必読の斬新な挑戦状。

1627 憲法政治——「護憲か改憲か」を超えて　清水真人

「憲法改正」とは何なのか？　緻密な取材を重ね、永田町を動かした改憲論議を読み解く。アカデミズムとジャーナリズムを往還し、憲法をめぐる政治の潮流を描く。

ちくま新書

1638
北朝鮮外交回顧録
山本栄二
拉致被害者の帰国はいかにして実現したのか。一九九〇年の金丸訪朝から二〇〇二年、〇四年の二度の小泉訪朝までの北朝鮮外交に従事した外交官による回想録。

1664
国連安保理とウクライナ侵攻
小林義久
5常任理事国の一角をなすロシアの暴挙により、安保理は機能不全に陥った。拒否権という特権の成立から、国連を舞台にしたウクライナ侵攻を巡る攻防まで。

1676
自治体と大学
——少子化時代の生き残り策
田村秀
人口減少で消滅可能性さえ取り沙汰される自治体と大学。地域活性、財政的負担、権限の範囲をめぐる関係史を紐解き、両者の望ましい協働、今後のゆくえをさぐる。

1679
韓国の変化 日本の選択
——外交官が見た日韓のズレ
道上尚史
飛躍的な変化を見せる韓国とどう向き合うべきか。長く韓国に駐在し、現地事情に精通した外交官が、韓国市民の日本観を冷静に分析。日本の進むべき道を提言する。

1680
日朝交渉30年史
和田春樹
歴代の首相や外交官が試みた日朝国交樹立はなぜ頓挫したのか。両国が再び歩み寄る手がかりはあるのか。膨大な資料と当事者たちの証言から失敗の背景を徹底検証。

1696
戦争と平和の国際政治
小原雅博
元外交官の著者が、実務と理論の両面から国際政治を動かす本質を明らかにし、ウクライナ後の国際秩序の変動、また米中対立から日本も含め予想される危機に迫る。

1697
ウクライナ戦争
小泉悠
2022年2月、ロシアがウクライナに侵攻した。21世紀最大規模の戦争はなぜ起こり、戦場では何が起きているのか？　気鋭の軍事研究者が、その全貌を読み解く。

ちくま新書

1575 コロナ対策禍の国と自治体 ——災害行政の迷走と閉塞　金井利之

なぜコロナウイルス対策で、国対自治体の構図に象徴される非難応酬が起きるのか。民衆にとって行政のコロナ対策自体が災禍となっている苛政の現状を分析する。

1585 国際貿易法入門 ——WTOとFTAの共存へ　関根豪政

世界貿易機関（WTO）の弱体化、自由貿易協定（FTA）の増加を踏まえ、TPPや日EU・EPA、日米貿易協定などのFTAを解説。貿易の新時代を展望する。

1587 ミャンマー政変 ——クーデターの深層を探る　北川成史

二〇二一年二月、ミャンマー国軍がアウンサンスーチー国家顧問らを拘束した。現地取材をもとに、この政変の背景にある国軍、民主派、少数民族の因縁を解明かす。

1597 現代日本政治史 ——「改革の政治」とオルタナティヴ　大井赤亥

「改革」という語はいかにして日本政治のキーワードとなったか。現代政治を「改革の政治」という視点から再検討し、その混迷を打破する新たな政治像を模索する。

1601 北方領土交渉史　鈴木美勝

「固有の領土」はまた遠ざかってしまった。歴代総理や官僚たちが挑み続け、ゆっくりであっても前進していた交渉が、安倍外交の大誤算で後退してしまった内幕。

1613 夫婦別姓 ——家族と多様性の各国事情　栗田路子／冨久岡ナヲ／プラド夏樹／田口理穂／片瀬ケイ／斎藤淳子／伊東順子

「選べない」唯一の国、日本。別姓が可能または原則の各国はどう定めている？　家族の絆は？　「選べる」の実現に向けて、立法・司法・経済各界との討議も収録。

1619 コロナ政策の費用対効果　原田泰

PCR検査、緊急事態宣言、医療提供、給付金や休業補償などをめぐるコロナ政策の費用対効果を数量的に分析。政策の当否を検証し、今後あるべき政策を提言する。

ちくま新書

1355
日本が壊れていく
――幼稚な政治、ウソまみれの国
斎藤貴男
「モリ・カケ」問題、官僚の「忖度」、大臣の舌禍事件……。政治の信頼を大きく損ねる事件が、なぜこれほど続くのか？　日本の政治が劣化した真因を考える。

1367
地方都市の持続可能性
――「東京ひとり勝ち」を超えて
田村秀
煮え切らない国の方針に翻弄されてきた全国の自治体。厳しい状況下で地域を盛り上げ、どうブランド力を高めるか。都市の盛衰や従来の議論を踏まえた生き残り策。

1372
国際法
大沼保昭
いまや人々の生活にも深く入り込んでいる国際法。「生きた国際法」を誰にでもわかる形で、体系的に説き明かした待望の入門書。日本を代表する研究者による遺作。

1393
教養としての政治学入門
成蹊大学法学部編
いま政治学では何が問題になっているのか。政治史・政治理論・国際政治・福祉・行政学・地方自治などの専門研究者が12のテーマで解説する、知の最先端への道案内。

1407
官僚制と公文書
――改竄、捏造、忖度の背景
新藤宗幸
眼を覆いたくなるほど凄まじい官僚の劣化。組織構造、意思決定、情報公開法や公文書管理法など、官僚統制のシステムを問いなおし、〝政権主導〟の暴走をえぐる。

1408
自公政権とは何か
――「連立」にみる強さの正体
中北浩爾
単独政権が可能な自民党はなぜ連立を解消しないのか？　平和・福祉重視の公明党はなぜ自民党と連立するのか？　「連立」から日本政治を読み解く、初の本格的分析！

1430
世界最強組織のつくり方
――感染症と闘うグローバルファンドの挑戦
國井修
一九九〇年代に猛威を振るった三大感染症を撲滅するために設立された「グローバルファンド」。戦略局長として活躍する著者が世界最強の組織の条件を解き明かす。

ちくま新書

ちくま新書

1173 暴走する自衛隊 纐纈厚
自衛隊武官の相次ぐ問題発言、国連PKOへの参加、庁から省への昇格、安保関連法案の強行可決、文官優位の廃止……。日本の文民統制はいま、どうなっているか。

1176 迷走する民主主義 森政稔
政権交代や強いリーダーシップを追求した「改革」がもたらしたのは、民主主義への不信と憎悪だった。その背景に何があるのか。政治の本分と限界を冷静に考える。

1185 台湾とは何か 野嶋剛
国力において圧倒的な中国・日本との関係を深化させる台湾。日中台の複雑な三角関係を波乱の歴史、台湾の社会・政治状況から解き明かし、日本の針路を提言。

1193 移民大国アメリカ 西山隆行
止まるところを知らない中南米移民。その増加への不満がいかに米国社会を蝕みつつあるのか。米国の移民問題の全容を解明し、日本に与える示唆を多角的に分析する。

1195 「野党」論 ――何のためにあるのか 吉田徹
野党は、民主主義をよりよくする上で不可欠のツールだ。そんな野党に多角的な光を当て、来るべき野党を、これからの対立軸を展望する。「賢い有権者」必読の書!

1199 安保論争 細谷雄一
平和はいかにして実現可能なのか。安保関連法をめぐる激しい論戦のもと、この重要な問いが忘却されてきた。外交史の観点から、現代のあるべき安全保障を考える。

1220 日本の安全保障 加藤朗
日本の安全保障が転機を迎えている。「積極的平和主義」とは何か? 自国の安全をいかに確保すべきか? これらの点を現実的に考え、日本が選ぶべき道を示す。

ちくま新書

1033
平和構築入門
――その思想と方法を問いなおす
篠田英朗
平和はいかにしてつくられるものなのか。武力介入や犯罪処罰、開発援助、人命救助など、その実際的手法と背景にある思想をわかりやすく解説する、必読の入門書。

1044
司法権力の内幕
森炎
日本の裁判所はなぜ理不尽か。人質司法、不当判決、形式的な死刑基準……など、その背後に潜むゆがみや瑕疵を整理、解説。第三権力の核心をえぐる。

1049
現代語訳 日本国憲法
伊藤真訳
憲法とは何か。なぜ改憲が議論になるのか。明治憲法と、日本国憲法。「二つの憲法」の生き生きとした現代語訳から、日本という国の姿が見えてくる。

1111
平和のための戦争論
――集団的自衛権は何をもたらすのか？
植木千可子
「戦争をするか、否か」を決めるのは、私たちの責任になる。集団的自衛権の容認によって、日本と世界はどう変わるのか？　現実的な視点から徹底的に考えぬく。

1122
平和憲法の深層
古関彰一
日本国憲法制定の知られざる内幕。そもそも平和憲法は押し付けだったのか。天皇制、沖縄、安全保障……その背後の政治的思惑、軍事戦略、憲法学者の主導権争い。

1150
地方創生の正体
――なぜ地域政策は失敗するのか
山下祐介
金井利之
「地方創生」で国はいったい何をたくらみ、地方をどう支配しようとしているのか。気鋭の社会学者と行政学者が国策の罠を暴き出し、統治構造の病巣にメスを入れる。

1152
自衛隊史
――防衛政策の七〇年
佐道明広
世界にも類を見ない軍事組織・自衛隊はどのようにできたのか。国際情勢の変動と平和主義の間で揺れ動いてきた防衛政策の全貌を描き出す、はじめての自衛隊全史。

ちくま新書

294
デモクラシーの論じ方
――論争の政治
杉田敦
民主主義、民主的な政治とは何なのか。あまりに基本的と思える問題について、一から考え、デモクラシーにおける対立点や問題点を明らかにする、対話形式の試み。

655
政治学の名著30
佐々木毅
古代から現代まで、著者がその政治観を形成する上でたえず傍らにあった名著の数々。選ばれた30冊は混迷を深める時代にこそますます重みを持ち、輝きを放つ。

905
日本の国境問題
――尖閣・竹島・北方領土
孫崎享
どうしたら、尖閣諸島を守れるか。竹島や北方領土は取り戻せるのか。平和国家・日本の国益に適った安全保障とは何か。国防のための国家戦略が、いまこそ必要だ。

925
民法改正
――契約のルールが百年ぶりに変わる
内田貴
経済活動の最も基本的なルールが、制定から百年を経て抜本改正されようとしている。なぜ改正が必要とされ、具体的に何がどう変わるのか。第一人者が平明に説く。

960
暴走する地方自治
田村秀
行革を旗印に怪気炎を上げる市長や知事、地域政党。だが自称改革派は矛盾だらけだ。幻想を振りまき混乱に拍車をかける彼らの政策を分析、地方自治を問いなおす!

984
日本の転機
――米中の狭間でどう生き残るか
ロナルド・ドーア
三〇~四〇年後、米中冷戦の進展によって、世界は大きく変わる。太平洋体制と並行して進展する中東の動きを分析し、徹底したリアリズムで日本の経路を描く。

1013
世界を動かす海賊
竹田いさみ
海賊の出没ポイントは重要な航路に集中する。資源を海外に頼る日本の死活問題。海自や海保の活躍、国際連携、資源や援助……。国際犯罪の真相を多角的にえぐる。

ちくま新書
1720

主権者を疑う
統治の主役は誰なのか？

二〇二三年四月一〇日　第一刷発行

著　者　駒村圭吾（こまむら・けいご）

発行者　喜入冬子

発行所　株式会社 筑摩書房
東京都台東区蔵前二-五-三　郵便番号一一一-八七五五
電話番号〇三-五六八七-二六〇一（代表）

装幀者　間村俊一

印刷・製本　株式会社 精興社

ISBN978-4-480-07546-8 C0232

索引

【さ行】

【た行】

【な行】

【は行】

参考文献

・芦部 2019：芦部信喜〔高橋和之補訂〕『憲法〔第 7 版〕』2019 年、岩波書店
・東 2015：東浩紀『一般意志 2.0 ―― ルソー、フロイト、グーグル』2015 年、講談社
・アッカマン 2020：ブルース・アッカマン（川岸令和・木下智史・阪口正二郎・谷澤正嗣監訳）『アメリカ憲法理論史 ―― その基底にあるもの』2020 年、北大路書房
・アリストテレス 2009：アリストテレス（田中美知太郎他訳）『政治学』2009 年、中央公論新社［原著は紀元前 4 世紀］
・アレント 1972：ハンナ・アーレント（大久保和郎・大島かおり訳）『全体主義の起源 2 ―― 帝国主義』1972 年、みすず書房［原著は 1951 年］
・アレント 1974：ハンナ・アーレント（大久保和郎・大島かおり訳）『全体主義の起源 3 ―― 全体主義』1974 年、みすず書房［原著は 1951 年］
・伊藤他 2020：伊藤邦武・山内志朗・中島隆博・納富信留編『世界哲学史 4 ―― 中世Ⅱ個人の覚醒』2020 年、筑摩書房
・稲垣 1999：稲垣良典『トマス・アクィナス』1999 年、講談社
・今井 2011：今井一『「原発」国民投票』2011 年、集英社
・今井 2017：今井一＋「国民投票の総て」制作・普及委員会編『国民投票の総て』2017 年、［国民投票・住民投票］情報室
・宇野（重）2020：宇野重規『民主主義とは何か』2020 年、講談社
・宇野（常）2020：宇野常寛『遅いインターネット』2020 年、幻冬舎
・大野 1959：大野真弓「イギリスの宗教改革と絶対主義 ―― ヘンリー 8 世の国王至上法」横浜大学論叢第 10 巻第 2・3 合併号、1959 年
・小田 2007：小田実『中流の復興』2007 年、日本放送出版協会
・尾高 2019：尾高朝雄『国民主権と天皇制』2019 年、講談社［原著は 1954 年］
・小田垣 1995：小田垣雅也『キリスト教の歴史』1995 年、講談社
・嘉戸 2019：嘉戸一将『主権論史 ―― ローマ法再発見から近代日本へ』2019 年、岩波書店
・オルテガ 2020：オルテガ・イ・ガセット（佐々木孝訳）『大衆の反逆』2020 年、岩波書店［原著は 1930 年］
・カントーロヴィチ 2003：エルンスト・H・カントーロヴィチ（小林公訳）『王の二つの身体（上）』2003 年、筑摩書房［原著は 1957 年］
・貴堂 2019：貴堂嘉之『南北戦争の時代　19 世紀（シリーズ　アメリカ合衆国史②）』2019 年、岩波書店
・倉持 2020：倉持麟太郎『リベラルの敵はリベラルにあり』2020 年、筑摩書房
・五野井 2012：五野井郁夫『「デモ」とは何か ―― 変貌する直接民主主義』2012 年、NHK 出版
・小林 2015：小林公『ウィリアム・オッカム研究 ―― 政治思想と神学思想』

2015年、勁草書房
・駒村2013：駒村圭吾「危機・憲法・政治の“Zone of Twilight”――鉄鋼所接収事件判決におけるジャクソン補足意見の解剖」奥平康弘・樋口陽一編『危機の憲法学』2013年、弘文堂
・駒村2018：駒村圭吾「言葉／意味／権力――トランプの場合、天皇の場合」法学研究第91巻第1号、2018年
・駒村2023：駒村圭吾編『Liberty2.0――自由論のバージョン・アップはありうるのか？』2023年、弘文堂
・佐々木1981：佐々木毅『近代政治思想の誕生――16世紀における「政治」』1981年、岩波書店
・佐々木2012：佐々木毅『宗教と権力の政治――「哲学と政治」講義Ⅱ』2012年、講談社
・サンスティン2018：キャス・サンスティーン（伊達尚美訳）『#リパブリック――インターネットは民主主義になにをもたらすのか』2018年、勁草書房［原著は2017年］
・柴田1985：柴田平三郎『アウグスティヌスの政治思想』1985年、未来社
・シィエス2011：シィエス（稲本洋之助他訳）『第三身分とは何か』2011年、岩波書店［原著は1789年］
・シュミット1971：カール・シュミット（田中浩他訳）『政治神学』1971年、未来社［原著は1934年］
・シュミット1974：カール・シュミット（阿部照哉他訳）『憲法論』1974年、みすず書房［原著は1928年］
・シュミット2015：カール・シュミット（樋口陽一訳）『現代議会主義の精神史的状況』2015年、岩波書店［原著は1923年］
・上智大学中世思想研究所編1998：上智大学中世思想研究所編訳／監修『中世思想原典集成18――後期スコラ学』1998年、平凡社
・鈴木2022：鈴木健『なめらかな社会とその敵』2022年、筑摩書房
・高橋1994：高橋和之『国民内閣制の理念と運用』1994年、有斐閣
・津田2012：津田大介『動員の革命』2012年、中央公論新社
・成田2022：成田悠輔『22世紀の民主主義――選挙はアルゴリズムになり、政治家はネコになる』2022年、SBクリエイティブ
・フィンリー2007：M. I. フィンリー（柴田平三郎訳）『民主主義――古代と現代』2007年、講談社
・布川・新原2013：布川玲子・新原昭治編『砂川事件と田中最高裁長官』2013年、日本評論社
・プラトン1979：プラトン（藤沢令夫訳）『国家（下）』1979年、岩波書店［原著は紀元前375年ごろ］
・古田2018：古田拓也『ロバート・フィルマーの政治思想――ロックが否定した王権神授説』2018年、岩波書店
・正村2018：正村俊之『主権の二千年史』2018年、講談社
・美濃部2000：美濃部達吉『改訂　憲法撮要［復刻版］』2000年、有斐閣［原著は1946年］
・美濃部2018：美濃部達吉『憲法講話』2018年、岩波書店［初版は1912年、

改訂縮刷版は 1918 年（2018 年版の底本）]
・美濃部 1935：美濃部達吉『日本憲法の基本主義』1935 年〔第 3 版〕、日本評論社
・宮沢 1967：宮沢俊義『憲法の原理』1967 年、岩波書店
・モリソン 1997：サムエル・モリソン（西川正身翻訳監修）『アメリカの歴史 2』1997 年、集英社
・文部省 2016：文部省（西田亮介編）『民主主義』2016 年、幻冬舎［原著は 1948 年から 53 年］
・リーゼンフーバー 2000：クラウス・リーゼンフーバー『西洋古代・中世哲学史』2000 年、平凡社
・リップマン 2007：ウォルター・リップマン（河崎吉紀訳）『幻の公衆』2007 年、柏書房［原著は 1925 年］
・リラ 2018：マーク・リラ（夏目大訳）『リベラル再生宣言』2018 年、早川書房［原著は 2017 年］
・ルフェーヴル 2007：G. ルフェーヴル（二宮宏之訳）『革命的群衆』2007 年、岩波書店［原著は 1934 年］
・ロック 2010：ジョン・ロック（加藤節訳）『完訳・統治二論』2010 年、岩波書店［原著は 1690 年］
・ロールズ 2010：ジョン・ロールズ（川本隆史他訳）『正義論〔改訂版〕』2010 年、紀伊国屋書店［原著は 1971 年（改訂版は 1999 年）］
・山内 2008：山内志朗『普遍論争――近代の源流としての』2008 年、平凡社
・吉川 2020：吉川智志「選挙制度と統治のデザイン――憲法学の視点から」駒村圭吾・待鳥聡史編『統治のデザイン――日本の「憲法改正」を考えるために』2020 年、弘文堂、85 頁所収
・吉田 2021：吉田徹『くじ引き民主主義――政治にイノヴェーションを起こす』2021 年、光文社
・Butler 2015: Judith Butler, *Notes Toward A Performative Theory of Assembly* (2015, Harvard University Press)［ジュディス・バトラー（佐藤嘉幸・清水知子訳）『アセンブリ』2018 年、青土社］
・Calhoun 1992: John C. Calhoun (edited by Ross. M. Lence), *Union and Liberty: The Political Philosophy of John C. Calhoun* (1992, Liberty Fund)
・Calhoun & Webster 1833: Speeches of John C. Calhoun and Daniel Webster, *in the Senate of the United States on the Enforcing Bill* (1833, Beals, Homer & Co.)
・Elshtain 2008: Jean Bethke Elshtain, *Sovereignty: God, State, and Self* (2008, Basic Books)
・Elton 2019: Geoffrey R. Elton, *England under the Tudors* (2019, Routledge)
・Gallagher & Nolan 2000: Gary W. Gallagher and Alan T. Nolan, ed., *The Myth of the Lost Cause and Civil War History* (Indiana University Press, 2000)
・Komamura 2021: Keigo Komamura, Article 9 Meets Civic Activism: Reflection on the Sunagawa Case, in Helen Hardacre, Timothy S. George, Keigo Komamura, and Franziska Seraphim, eds., *Japanese Constitutional Revisionism and Civic Activism* (2021, Lexington Books)

- Levinson 2018: Sanford Levinson, *The Continuing Specter of Popular Sovereignty and National Self-Determination in an Age of Political Uncertainty*, in Mark A. Graber, Sanford Levinson, and Mark Tushnet, eds., *Constitutional Democracy in Crisis?* (2018, Oxford University Press)
- Oakley 1984: Francis Oakley, *Omnipotence, Covenant, and Order: An Excursion in the History from Abelard to Leibniz* (1984, Cornell University Press)
- Petry 1962: Ray C. Petry, Unitive Reform Principles of the Late Medieval Conciliarists, *Church History*, Vol. 31, No. 2 (1962)

日本国憲法　抄録

昭和21（1946）年11月3日公布

（前文）

日本国民は、正当に選挙された国会における代表者を通じて行動し、われらとわれらの子孫のために、諸国民との協和による成果と、わが国全土にわたつて自由のもたらす恵沢を確保し、政府の行為によつて再び戦争の惨禍が起ることのないやうにすることを決意し、ここに主権が国民に存することを宣言し、この憲法を確定する。そもそも国政は、国民の厳粛な信託によるものであつて、その権威は国民に由来し、その権力は国民の代表者がこれを行使し、その福利は国民がこれを享受する。これは人類普遍の原理であり、この憲法は、かかる原理に基くものである。われらは、これに反する一切の憲法、法令及び詔勅を排除する。

日本国民は、恒久の平和を念願し、人間相互の関係を支配する崇高な理想を深く自覚するのであつて、平和を愛する諸国民の公正と信義に信頼して、われらの安全と生存を保持しようと決意した。われらは、平和を維持し、専制と隷従、圧迫と偏狭を地上から永遠に除去しようと努めてゐる国際社会において、名誉ある地位を占めたいと思ふ。われらは、全世界の国民が、ひとしく恐怖と欠乏から免かれ、平和のうちに生存する権利を有することを確認する。

われらは、いづれの国家も、自国のことのみに専念して他国を無視してはならないのであつて、政治道徳の法則は、普遍的なものであり、この法則に従ふことは、自国の主権を維持し、他国と対等関係に立たうとする各国の責務であると信ずる。

日本国民は、国家の名誉にかけ、全力をあげてこの崇高な理想と目的を達成することを誓ふ。

第9条

①　日本国民は、正義と秩序を基調とする国際平和を誠実に希求し、国権の発動たる戦争と、武力による威嚇又は武力の行使は、国際紛争を解決する手段としては、永久にこれを放棄する。

②　前項の目的を達するため、陸海空軍その他の戦力は、これを保持しない。国の交戦権は、これを認めない。

第12条

この憲法が国民に保障する自由及び権利は、国民の不断の努力によつて、これを保持しなければならない。又、国民は、これを濫用してはならないのであつて、常に公共の福祉のためにこれを利用する責任を負ふ。

第13条

すべて国民は、個人として尊重される。生命、自由及び幸福追求に対する国

民の権利については、公共の福祉に反しない限り、立法その他の国政の上で、最大の尊重を必要とする。

第15条

① 公務員を選定し、及びこれを罷免することは、国民固有の権利である。

第21条

① 集会、結社及び言論、出版その他一切の表現の自由は、これを保障する。

第41条

国会は、国権の最高機関であつて、国の唯一の立法機関である。

第43条

① 両議院は、全国民を代表する選挙された議員でこれを組織する。

② 両議院の議員の定数は、法律でこれを定める。

第95条

一の地方公共団体のみに適用される特別法は、法律の定めるところにより、その地方公共団体の住民の投票においてその過半数の同意を得なければ、国会は、これを制定することができない。

第96条

① この憲法の改正は、各議院の総議員の三分の二以上の賛成で、国会が、これを発議し、国民に提案してその承認を経なければならない。この承認には、特別の国民投票又は国会の定める選挙の際行はれる投票において、その過半数の賛成を必要とする。

② 憲法改正について前項の承認を経たときは、天皇は、国民の名で、この憲法と一体を成すものとして、直ちにこれを公布する。

第98条

① この憲法は、国の最高法規であつて、その条規に反する法律、命令、詔勅及び国務に関するその他の行為の全部又は一部は、その効力を有しない。

② 日本国が締結した条約及び確立された国際法規は、これを誠実に遵守することを必要とする。